子どもの現在(いま)

―― 10の視点からのアプローチ ――

秋山　弥 編著
作田 良三

晃洋書房

序

　ふだんの生活のなかで,「子どもの変化」を感じることはないだろうか.
　たとえば,昔と比較をして「最近の子どもは変わった」と感じることはないだろうか.また,こうした考えと同時に,「社会が変わったから」とか「子どもだけでなく大人も変わった」というように,子どもたちをはぐくむ社会やおとなの変化についても,思慮が及ぶことがある.だがその一方で,「子どもは変わっていない」とか「子どもに対するおとなの意識が変わっただけだ」という話を見聞きすることもある.
　このような,「昔と比べて子どもがどのように変化したのか」という論点は,どういう視点に立ち,何に価値をおくのかなどによって見解が分かれるものであり,一般化すること自体なかなか難しいものであろう.ただ1つ言えることは,われわれは知らず知らずのうちに,自分の子ども時代や過去とくらべ,そこに共通点やギャップを感じながら教育や子育てにかかわっており,それゆえに思い込みや戸惑いを抱えてしまうということである.
　そこで本書においては,こうした子どもにかかわる「変化」を意識しつつも,さまざまな角度から現代的トピックを盛り込みながら,子どもの「現在」にアプローチしたいと考える.子どもの「現在」を描出させるためには,「過去」と比較し,その「違い」に注目することは非常に有効な手段である.そのため,本書のなかで「過去」をまったく取り上げないというわけではない.ただ,いま日常のなかで対峙する子どもとのかかわりのなかで,子どもの「現在」を把握しようとする姿勢は,非常に大切なものだと考える.
　ところで,「子どもの変化」という表現からは,昔と今の子どもの比較という観点だけではなく,もう1つ異なるとらえ方が可能である.すなわち,1人の子どもが,昨日よりも今日,去年よりも今年と成長していく様子を「子ど

の変化」と表現することができるのである．子育てや教育に携わっているおとなにとっては，そうした日々成長し続ける「子どもの変化」を感じることの方が，むしろ多いだろうと推察する．おとなからのことばかけによって，あるいは子ども同士のやりとりのなかで，子どもの表情や意識が「一瞬にして変わる」こともあるので，子どもたちは絶えず変化し，またおとなの働きかけで「変える」こともできる存在なのである．

　こうした「子どもの変化」を考えた場合，その変化に影響を及ぼすおとなの教育力が問題になる．では，おとなの教育力とは何か．少なくとも，1人ひとりの日々の自己研鑽が重要な要件と言えるだろう．すなわち，日々の教育的営みのなかで，成功や失敗を繰り返し，そのたびに省察を重ね，「どうすればよいか」を絶えず自己に問いかけ続ける力である．

　さて，ではこうした教育力を向上させるためには，何が必要なのだろうか．これは非常に大きなテーマであるが，第1には，いまの子どもたちがどのような考えを持ちどのような状況にあるのか，という子ども理解力が欠かせないだろう．と同時に，そうした子どもたちに向けている「おとな自身の視点・意識」を内省する力がなければ，「どうすればよいか」を探ることは難しい．つまり，現在の子どもに関して，また子どもに対する現在のおとなの意識に関して，幅広い視点から多角的に考察できる力が求められているのである．

　そこで本書では，次のような10の視点からアプローチしている．まず，学校教育や学習に関連する今日的テーマとして4つ挙げている．すなわち，第1章では「子ども中心主義」について，第2章では「学力低下問題」について，第3章では学校選択制にかかわる「自己決定・自己責任」について，そして第4章では「特別支援教育」について，それぞれ子どもたちの現状把握のみならず，こうしたテーマに対するおとなのとらえ方について取り上げているのである．つづく第5-7章では，子どもたちの人間関係にかかわるテーマを取り上げている．第5章では「キレる」というキーワードから子ども・おとなの現状と対応について，また第6章ではマンガ分析から「学級は"生活共同体"である」

という仲間集団のとらえ方について，第7章ではケータイやインターネットの普及状況とその対応について，それぞれ論じている．そして第8章以降では，近年注目されるキャリア形成に関するテーマを3つ挙げている．すなわち，第8章では子ども（幼児）の遊びのあり方をキャリア形成の視点から，第9章ではすっかり定着した大学生のキャリア教育について，第10章では「夢追求」のキャリアとして子どもタレントに着目して，それぞれ言及している．

　このように，本書で取り上げた10のテーマは，現在の子どもの現状やおとなの意識を理解するうえでは，ごく限られたものであることは否めない．ただ，本書を読み進め，これらのテーマについて考えることにより，自己研鑽するうえで必要な子ども理解力と内省力に寄与することができればうれしい限りである．

　最後に，本書の出版に際し，遅々として進まない編集に対して，寛容かつ細かい心配りをいただいた晃洋書房の丸井清泰氏には，深甚なる謝意を表したい．

2010年3月

編著者　秋山　弥
作田良三

目　　次

序

第1章　子ども中心主義と体験学習 …………………………… 1
　　1　近年の日本における子ども中心主義の系譜　(1)
　　2　生活科の展開　(5)
　　3　子ども中心主義と体験学習　(14)

第2章　学力低下問題 …………………………………………… 17
　　1　学力とは何か　(17)
　　2　学力低下問題の動向　(19)
　　3　学力低下問題がもたらしたもの　(22)
　　4　学力向上に資する手段は何か　(28)

第3章　自己決定・自己責任と子ども …………………………… 31
　　1　子どもを追い詰める学校教育　(31)
　　2　日本における学校選択制導入過程と現状　(34)
　　3　選択を強いることのない学校選択制における
　　　　チャータースクールづくり　(39)

第4章　特別支援教育の現在 …………………………………… 47
　　1　特別支援教育とは　(47)
　　2　特別支援教育の現場　(51)
　　3　特別支援教育の充実に向けて　(60)

第5章　キレるおとな・キレる子ども …………………………… 63
　　1　「キレる」とは　(64)

2　「キレる」原因　*(68)*
　　　3　キレるおとな・キレる子どもへの対応　*(74)*

第6章　「学校の怪談」に見る仲間集団 …………………………… 77
　　　1　仲間集団研究へのアプローチ――メディアに描かれた仲間集団　*(77)*
　　　2　「学校の怪談」に描かれた仲間集団　*(81)*
　　　3　仲間集団に対する教師の役割　*(91)*

第7章　ケータイ・ネットと子ども ……………………………… 95
　　　1　ケータイ・ネット使用の現状　*(95)*
　　　2　子どものケータイ・ネット使用への対応　*(100)*
　　　3　子どものケータイ・ネット問題の妥当性　*(106)*

第8章　子どもの遊びとキャリア形成 ……………………………… 111
　　　1　子どもを取り囲む環境の変化　*(112)*
　　　2　遊びの指導を考える　*(114)*
　　　3　遊びに対する期待の高まり　*(116)*
　　　4　「ごっこ遊び」の現状にみる問題点　*(123)*

第9章　大学におけるキャリア教育 ……………………………… 125
　　　1　キャリア教育の現状　*(125)*
　　　2　キャリア教育の課題と今後　*(134)*

第10章　子どもタレントというキャリア ………………………… 141
　　　1　子どもタレントへの着目　*(141)*
　　　2　子役出身タレントはどんな人か　*(147)*

参 考 文 献　*(155)*

第1章 子ども中心主義と体験学習

1 近年の日本における子ども中心主義の系譜

（1） ゆとり教育に見る子ども中心主義

「ゆとり教育」では，体験型の学習が重要視される．そのはしりとしては，「生活科」が挙げられよう．生活科の理念は「新学力観」とともに，98年改訂の学習指導要領において設置された「総合的な学習の時間」にも踏襲され，現在まで続いている（苅谷 2002, 加藤・高浦 2001）．

生活科は1989年小学校学習指導要領において誕生した教科であるが，その誕生の背景にあったのは従来の教師による教え込み中心の教育，知識偏重の教育への批判である．生活科の提唱者の1人，文部省初等中等局中野重人（当時）も，アメリカのデューイのプラグマティズムの教育思想すなわち「子どもが自ら課題に取り組み，それを解決する問題解決学習」に生活科のよりどころを求めている（中野 1989）．子どもを学習の中心にした教育（子ども中心主義教育），生活世界における体験的な課題から学習を組み立てる教育（経験主義教育）が生活科によって目指されたのである．

このように，近年の子ども中心主義の起源は生活科にある．一方で中野も指摘しているように，子ども中心主義の教育は，大正新教育，戦後新教育の時代にも注目を浴びており，日本においてもその歴史は決して浅くはない．では，なぜ1989年に改まって，子ども中心主義の教育を提唱されたのだろうか．そこには，1970年代からの授業論・学校論における子ども中心主義の教育の再興が

ある．

（2） 日本における子ども中心主義の再興（ゆとり教育第1期1970年代）

　この時期の子ども中心主義の教育の内容を表すキーワードは，「ゆとりの時間」，そして「楽しい授業」である．

　70年代になると，60年代に顕在化し始めていた子どもたちの「落ちこぼれ」，「学校嫌い」が教育病理とされ，社会の大きな関心になる．1950 - 60年代に生まれた「教育する家族」は犠牲者として，加害者である学校教育にその批判の矛先を向け始める．そこで，問題にされたのは，学校がもつ「知識偏重」の教育，教師主導の教育である．50 - 60年代においては，競争主義・能力主義，受験制度というマクロな政策に向いていた批判は，「既存の学校秩序そのものに教育病理の根拠をみて，学校秩序の枠内にある教育からの離脱を容認しあるいは積極的に求めてゆくような運動や意識」に変わっていったのである（中西1996，284頁）．

　さらに，そこで問題の元凶にされ，批判されたのは，学校がもつ「知識偏重」の教育，教師主導の教育である．批判の矛先を向けられた文部省も，1977年の小学校学習指導要領において，大幅に教育内容を削減するとともに，週2時間の「ゆとりの時間」を設置した．教育行政の側からの文字通り制度的な対応である．

　一方で，授業論・学校論の中からも1970年代以後，上記のような問題を解決しようとするものが出現し始める．松下（2003）は，遠山啓の「水道方式」，板倉聖宣の「仮説実験授業」に，問題の解決策としての「楽しい授業」の典型を見ている．

　この遠山と板倉が提案する「楽しい授業」には，「楽しさ」を達成する方法として2つの共通点がある．すなわち，1点目は「文化を本来的なやり方で学ぶ」ことであり，2点目は「学習を楽しくする」ことである．このうち前者には，過度に教科書準拠であり，知識偏重であり，教師主導であった従来の教育

の問題を改善しようという意図（経験主義へ），後者には，子ども達の「学校嫌い」「勉強嫌い」という当時の教育問題へ対応しようという意図（娯楽志向へ）がそれぞれにあった．すなわち，「楽しい授業」を標榜するこの時期の授業論・学校論における子ども中心主義の教育は，前項でふれたデューイのプラグマティズムに示されるような経験主義，体験型学習にとどまらない．そこでは経験や体験に限らず，ゲームなどの「娯楽」にあたるものも，手段として使用され，「娯楽的な楽しさ」まで含む教育なのである．

一方，楽しい授業において掲げられる教育は，何よりも子どもが中心であること（遠山「生徒たちの満足する楽しい授業」，板倉「教育の主人公であるところの子ども」）すなわち子ども中心主義の教育をめざしており，この言葉によって自らの試みを正当化している．つまり，「子ども中心主義」という言葉が，楽しい授業論を唱える論者を正当化するレトリックとして使用されているのである．付言すれば「子ども中心」というそれ自体，批判が難しい言葉が使用されていることに正当化を許してしまう根拠がある．

（3） 子ども中心主義の教科生活科の誕生（1980年代ゆとり教育第2期）

この時期の子ども中心主義の内容を表すキーワードは，「ソフトな管理」，そして「新学力観」である．

1980年に起こった「できる子」による金属バット殺人事件は，「学歴至上主義の両親と，それに抑圧された子ども」という「教育する家族」の構造とその弊害を浮かび上がらせることになった（広田 2001）．できる子あるいは「普通の子」たちによる事件は，従来の教育問題の構造への見直しを迫った．

できる子もできない子も，事件を起こす．しかし，できない子への管理主義的対応はもはや許されず，できる子については普段兆候が顕在化することはなく突然「キレる」ため，そもそも対応ができない．大人たちは，子どもたちを異質な「他者」として認識するようになった（小谷 2008, 112頁）．そこで，授業論・学校論の中で切り札とされたのが，先に述べたように70年代以降再興し

ていた、「子どものために」行われる子ども中心主義の教育のさらなる利用である。子どもたちにとって学校そして授業が「楽しい」ものになれば、子どもたちが荒れること、キレることを予防できる。何よりも、子どもたちが楽しいと思うもの、興味・関心を持つものを尊重した教育を行うことが、荒れ、キレという教育問題をも予防あるいは解決する。

　このようにして、子ども中心主義の教育は、①デューイのプラグマティズムに代表される伝統的な教育理念としての経験主義の教育という側面、②先述した「娯楽的な楽しさ」を含む教育という側面に加えて、③子どもたちの「ソフトな管理（学校秩序の維持）」の道具という側面を持つようになる（図1-1参照）。「ソフトな管理」の道具としての子ども中心主義という側面は、近年の「学級崩壊」の解決をめぐっても多分に持ち出されている（松下 2003, 324頁）。

　本節で述べてきたように、1970-80年代の子ども中心主義の教育は、従来のような教育理念としての経験主義の枠を越え、さまざまな要素を含みこむものになっている。そのような子ども中心主義の授業論・学校論の興隆という背景のもと、カリキュラム政策としては、1989年に学習指導要領が改訂される。そこでは、先述した「自然離れ」「生活習慣・技能の不足」のような社会問題、そしてそれらの問題を引き起こしたとされる子どものためでない教育、すなわ

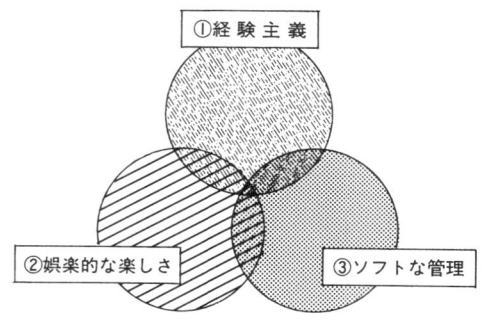

図1-1　子ども中心主義の3つの類型

ち「知識偏重」の教育，「画一化」した教育の改善が求められた．その改善策のキーワードが「新学力観」であり，その忠実な具現化が生活科であった．

2　生活科の展開

（1）生活科の内容

　生活科とは何なのか．ここではまず，中野重人らによりながら，生活科設定の意図とその中身について具体的に整理しておきたい．

　生活科は現存する教科とは異なる新教科としての性格をもちながら，低学年社会科と理科の統合教科としての性格も持つ．ピアジェなどの知見から，低学年という発達段階の特性を考慮した時，従来のような社会科，理科ではなく生活科が求められたのである．

　すなわち低学年という発達段階においては，「思考」と「活動」が未分化にあるという特性がある．そのような児童の発達特性を考えた時，低学年においては従来のような社会科，理科のように「知得」を重視した教育・学習ではなく，「体験」や「遊び」などの「体得」（すなわち活動）を重視した教育・学習を行うことが求められたのである．また，幼稚園教育において，「遊び」も「学び」として捉えられていることを受け，幼小連携の観点からも体得を重視した教育・学習が求められたのである（中野 1989, 1991）．上記のように，低学年児童の発達段階を考慮し，これら主に2つの観点から，低学年においては社会科と理科の時間が統合され，新たに生活科の時間が設けられたのである．

　また時代的な課題という側面からも，生活科の設置が求められていた．すなわち，文部省には，まず「自然離れ」，「生活習慣・技能の不足」という2つの「教育問題」を学校教育側の課題として受けとめる意識があり，これらの課題へ学校教育の側から問題提起をしようとしていた．さらに，これらの教育問題を引き起こした根本問題として「知識偏重」の教育を捉えていた．文部省はこの教育の知識偏重の解決策として，「関心・意欲・態度」を筆頭とする4つの

観点別に,「絶対的な」子どもの評価を行う,「新学力観」を提言した．そこでは,「関心・意欲・態度」という観点からの子どもの評価が筆頭として求められた．子どもの「関心・意欲」を最も引き出せる教育,すなわち「体験化」の教育,「個性化」の教育が最も求められたのである．

このような新学力観は,「具体的な活動や体験を重視する」ことを通した,「生活上必要な習慣や技能を身に付ける」ことと「自然体験」を行うことにより,知識偏重の教育の解決を目指す生活科という1つの教科に結実した（中野 1989, 45頁）．カリキュラム研究者である坂元 (1994, 87頁) も,生活科は「『新しい学力観』をもっとも典型的に具体化している」とその深い関連性を指摘している．

生活科においては,体験・活動が目標・内容・方法とされ,それによって子どもの興味・関心＝個性を喚起することがねらいとされているのである．また中野は,デューイの「なすことによって学ぶ」というキーワードをたびたび持ち出し理論的に基礎付けることで,「体験化」「個性化」の教科である生活科について説明している．まさに,伝統的な教育理念,子ども中心主義＝経験主義の教育が目指されているのである．

（2） 生活科の現在

では,1989年指導要領告示において設置を規定された生活科のカリキュラムは,どのような現状にあるのだろうか．

1つの教科のアイデンティティの判断基準として特に,その教科の学問化すなわち大学教育におけるコース化の深度というものがあげられる（Goodson 1988, 朝倉編 2002）．しかし生活科においては,いくつかの大学においてコース化が試みられているが,教師を養成する任務を負っている教員養成コースをもつ大学のうち,独自のコースとして持つものはまだそれほど多くない．大学における生活科教育の多くは,理科教師と社会科教師の分担・連携によって行われており,小学校の教育現場に立つ教師には,生活科を専門とする教師は多く

ない．さらには，1998年学習指導要領において設置が規定された「総合的な学習の時間」により，生活科はそのアイデンティティが問われているという状況も存在する．つまり，総合的な学習の時間は生活科とその目標，内容ともに重複する部分が多く，生活科は独自のアイデンティティを失いつつあるのだ．

　生活科実践における現場の実態調査という側面からは，1991年に中央教育研究所が生活科について小学校教師に全国調査を行ったものがある．そこでは，全面実施に向けた生活科に対して感じる「不安」点について，「教師自身の活動経験不足」，「評価の仕方」などに多くの不安が寄せられていることが報告されている（中央教育研究所 1992）．それから13年後，野田（2004）は，愛知県内の小学校教師を対象に，これまでの生活科実践を振り返るアンケート調査を行っている．そこでは，8割近くの教師が生活科を肯定的に受け止めている一方で，1991年の中央教育研究所の調査同様，「評価」，「目標」などに不安を抱えていることが報告されている．

　このように生活科は，学習指導要領告示前後においては，混乱や戸惑いとともに期待を伴いながら頻繁にその実践や研究もとりあげられたが，学問，実践いずれにおいても，未だ少なからず試行錯誤の状態にあるといえる．それは，先行研究においても指摘されているように，「評価」や「目標」をはじめとして，告示された生活科には曖昧なものが少なくなかったことに起因する．受験教育との対比の中で，理念的にもてはやされる一方で，実態を伴ったものとは言えなかったのである（朝倉編 2002，7-8頁）．教師達の「創意工夫」に任されていたのである．現場の教師は自らで試行錯誤しながら，特に「意思決定者」として，自らの創意工夫に基づいて，多様な形でそのカリキュラムを作り，実践をしようとしていたのである．つまり，子ども中心主義＝経験主義を理念とする生活科も，教師達の意思決定や創意工夫という側面から考察していく必要があるのである．

（３） ある教師による生活科の受容

　では，実際，生活科の指導にあたる小学校教師は，どのような意思決定をし，創意工夫しているのだろうか．ここでは，2006年11月‒2007年8月の時期に，中国地方のある地域Ｘ市の小学校教師Ａ先生，同じくＺ市の小学校教師Ｂ先生の協力を得て行った，教師へのインタビュー調査から見ておこう．

　以下では，生活科の理念の具現化に対して「消極的」なＡ先生と，「積極的」なＢ先生の生活科に対する対照的な語りから，新学力観などのキーワードをもとに，子ども中心主義，経験主義に対する各々の教師の解釈を見ていく．

① Ａ先生の場合

　調査協力者Ａ先生は，30年以上のキャリアを持つ50歳代の女性教師で，調査当時Ｘ市で小学校1年生のクラスの担任を務めるとともに，学年主任も兼ねていた．また，ある教職員組合の教師を通じた「共同研究」は，Ａ先生の教育観にも少なからず影響を与えている．

（ⅰ）　生活科の受容

　前掲の野田（2004）の調査で見たように，生活科の導入に当たっては理念ばかりが先行し，実態をなしたものとは言えなかった．すなわち，教育現場への導入にあたっては少なからず教師達に戸惑いをもたらされたことが報告されている．

　Ａ先生においては現場に導入された生活科はどのように受け止められたのだろうか．

>　Ａ：うん，うん，うんー．だからあのそのー，あの生活科が最初に入ったときはねー．
>　＊：はい．
>　Ａ：でもみんなでねー．社会科ー，社会科的なことと，理科的なことを私ら，そのー，しようねっていうてみんなでこうね．言って，はじめたんよ．でも最初は．

A先生にとっても生活科設置という提言は，「わけわからんかったねー（訳が分からなかったねー）」と当惑をもって受け止められていた．一方，上記の引用からは，理科と社会科の統合教科としての性格を持つ生活科の実践を，「理科的なことと社会科的なことと」と，従来の教科それぞれの性格をふまえた観点から前向きに構成している姿も見て取れる．生活科設置という教育改革を必死に受け止めるだけでなく，自らの創意工夫に基づいて積極的に実践しようとしている教育現場の姿が見て取れるのである．

（ⅱ）　生活科と新学力観
　a．教師の創意工夫の尊重——評価をめぐって

　新学力観＝生活科が持つ「自由さ」，すなわち教師達の裁量の尊重は，従来の教科枠内における積極的な創意工夫につながる一方，消極的な姿勢をもたらすこともある．

　　A：まあーじゃけー（だから），何をせにゃいけない（しなくちゃいけない）
　　　というのが無かったからー．
　　＊：はー，そうですよねー．とりあえず体験とかー．
　　A：そう，そう，そう，そう．
　　＊：あのー，問題解決とか．
　　A：そ，外へ出て虫を，虫をねー探してみようとか．
　　＊：うん，うん，うん．¹⁾

　すなわち，A先生においてはその自由さが，「なにをせにゃいけない（しなくちゃいけない）というのがなかったから」と，少々消極的な形で解釈されている．それは，上の引用とは別だが，「試験がはっきりしていない」という発言がインタビュー時になされていたことからもわかる．つまりここでは，教師達の裁量の尊重は，カリキュラム内容の解釈と実践に対する消極的な姿勢をもたらしている．生活科の自由さと，教師の裁量の尊重はいわば「なし崩し」的な解釈をもたらしているのである．

このように，導入当初，生活科がもつ自由さは教師達の創意工夫への努力を促した一方，導入後その自由さは，「なし崩し」的に捉えられたり，「はっきりしてない」とマイナスにとらえるまなざしは強くなっている．

　ｂ．体験重視の捉え方

　生活科はそれまでの理科・社会科が統合された教科であるとはいえ，独立した教科であるため，国語や算数など他の教科と同等の授業時間を持つ．しかし，A先生においては，その授業時間が「そんなん（そんなに）時間かからない」と表現される．

　　Ａ：うん．で今だったら，たとえばー．あのー．なんか外．秋の，秋の野
　　　　原と遊ぼうとかいう感じの単元がね，二十何時間ばーっとあるので．
　　＊：うん．
　　Ａ：だからもう，そんな二十何時間も出て遊ぶわけにもいかないし（笑い）．
　　＊：そうですよね（笑い）．
　　Ａ：うーん．だからー，何か．葉っぱ拾いに行ったりとか．
　　＊：うん，うん，うん．
　　Ａ：ねー．んでその葉っぱ貼ってみたりとか．
　　＊：うん，うん．うん．
　　Ａ：でこういろんな形にしてみたりとかした，したらもうねー．そんなん
　　　　（そんなに）時間かからない（笑い）．

　生活科に関する文部省の説明においては，子どもにとって楽しい「遊び」すなわち「体験」も「学習」の要素として認め，「遊び」的なものを生活科の要素に含めることが求められている．A先生の生活科実践においても，その実践の内容は「遊び」と表現される．しかし，その楽しいはずの「遊び」も場合によっては長く続かず，「そんな20何時間も外に出て遊ぶわけにはいかない」「そんなん時間かからない」と「もてあまされる」ことがあるようである．

　もてあまされた生活科の余った時間は，他の活動の時間にまわされることも

ある．生活科のもてあまされた時間は，「ほんまあのー自由に使える時間のような（笑い）感じにねー，なってしまってねー」と，実態的に「音楽発表会の練習」などのような特別活動等にまわされるということも少なくないようである．生活科のカリキュラムはもてあまされることで，「形骸化」を迎えているようだ．そのような生活科の時間の特別活動の時間などへの置き換えは，「勝手にそれはしよんじゃけどー（してるんだけど）」とＡ先生あるいは，学校の「裁量」によって行われている．生活科が教育現場に導入された当時見受けられた，教師達の積極的な創意工夫は，ここでも消極的な形に変容している．

　以上，Ａ先生の語りの分析により，生活科のカリキュラムにおける教師達の裁量の尊重が，導入当時教師達の積極的な形の創意工夫をもたらしたこととは異なり，導入後は次第に消極的なかたちへ変容していったことが明らかになった．すなわち「形骸化」と表現できる２つの状況が存在するようになったことを示唆するものとなった．「そんなん時間かからない」という生活科の授業時間の「もてあまし」と，「何をせにゃいけないというのがない」という生活科カリキュラムの内容と実践における「なし崩し」的な解釈，という２つの状況である．

② Ｂ先生の場合

　調査協力者Ｂ先生は，10年ほどのキャリアを持つ30歳代の女性教師で，現在小学校１年生の担任である．Ｙ市の小学校を数回異動し，現在の学校に赴任して１年半ほどになる．Ｂ先生が赴任する学校は，Ｙ市においても郊外地域で，学校周辺には森林が生い茂る．

（ⅰ）　生活科の受容

　Ｂ先生の場合，教職に就く以前から生活科は存在している状態であり，大学在学中に89年版学習指導要領が作成された．よって，大学での講義をとおして生活科と出合うことになる．講義の内容は，「体験するとか，比べてとか」をとおして，生活科が達成しようとしている目標をまず押さえ，それから具体的

な実践案作りを行うものであった．また，大学の授業のなかでは，理科教科教育を担当する教師によっても講義は行われたようだ．

　講義を受け，B先生は，率直に「たいそうなこととは思っていなかった」ようである．生活科設置は当事社会問題になっていた，「詰め込み」，「知識偏重」教育に対するアンチテーゼとしての「体験」や「活動」を重視した教育を意図して行われた．「遊びも学び」とするような教育観の「たいそうな」一大転換を意図して設置された．しかし，B先生の受け止め方としては，「たいそうなこと」や「大きい」ものとしては映らず，体験を通すことによる「すごい楽しんでできること」や幼稚園生活と小学校低学年生活の「リンク部分」という，「その程度の認識ぐらい」にすぎなかったようだ．

　このように，B先生は当初，生活科への関心自体が必ずしも高いとは言えないが，幼稚園教師の免許取得との関係から比較的好意をもって受け止められている．生活科設置時点では教職に就いていなかったことに大きくは起因するものだと思われるが，B先生の場合は生活科教育への動機付けに比較的成功していると言える．

（ⅱ）　生活科と新学力観

　ａ．教師の創意工夫の尊重──評価をめぐって

　B先生の生活科の実践経験についても，A先生と同様，評価における共通基準はなく，学校や教師独自の基準に基づいて行われている．では，B先生の評価の「自由」に対する姿勢はいかなるものだろうか．

　　＊：えーっと，それはやっぱりー．とお，統一というかー，けっこうまとまったものが必要だなー，っていう感覚なんですか．
　　B：うーん．まとまったものがひ，つようーとは思わないんですけれどもー．自，分自身がー，生活科でー．どんな力をつけたいのかっていうのをー，はっきりしとかないとー．いけないなーって常に思いながらしてます．

B先生の場合は,「まとまったものが必要とは思わない」と必ずしも,共通・普遍的な評価が必要とは感じていない．しかし一方で,「自分自身が,生活科で,どんな力をつけたいかっていうのを,はっきり」しておくこと,という発言に表れているように,「力」,すなわち生活科でいう「知的な気づき」が子どもたちの中に生まれることを厳しく追求していこうとする姿が見受けられる．

　b．体験重視の捉え方
　B先生の生活科における体験・活動への解釈や姿勢はどのようなものであろうか．

　　B：活動がー, 活動で終わってしまってはー.
　　＊：そうですね，そこなんですよね．
　　B：そういう部分がー, なんかあのー. たたかれるんじゃないけどー. あのー, ちょっとー, 正しく見てもらえないー, 要因ではあるのかもしれないですねー. 活動はー, とにかく手段であってー, その手段を通してーやっぱり付けたい力っていうのはー, あると思うー, んですよね.

「活動はとにかく手段であって」(また, そのほか,「ただ活動して良かったとかそういうものではなく」)といったB先生の発言は,「活動主義」や「子ども放任主義」という揶揄的なとらえ方とは一線を引こうとする意図が根底にあるのである．
　B先生の語りからは, 生活科が持つ教師の創意工夫の重視, 体験重視からくる生活科の形骸化の危険性を認めながらも, 批判的に乗り越えようとする意識がみられる．

3　子ども中心主義と体験学習

　これまで述べてきたように，生活科は，体験が目的，内容，方法であるまさに経験主義の教科である．また新学力観のキーワードのもと，子どもの関心・意欲・態度という自主性を尊重する，子ども中心主義を体現する教科でもあった．一方，第2節で考察したように，生活科への姿勢・意欲が異なるA先生とB先生の語りからは，子ども中心主義，経験主義に対する解釈そのものが異なることが明らかになる．

　まず，子ども中心主義との観点から言えば，子どものために行われる生活科の教育は，教師たちの自由で多様な創意工夫に任されていた．第2節での考察においても，A先生においては，「はっきりせん」，「ほんま自由に使える」ものとして捉えられており，B先生においては，自分自身が生活科でつけたい力を「はっきり」しておくことで，「すごいよい教科」となりうるものとして捉えられていた．子どものためになされる教育は，教師の教育観によって形を変えているのである．

　「『生きる力』の教育」すなわち生活科，総合学習に代表される子ども中心主義の教育において，苅谷（2002）は，「指導主事をはじめ教師を指導する立場にある人々にとっても，どうすればうまくいくのか，具体的で明確な答えをもちあわせていないのが現状である」と言う．「普通」の学校の「普通」の教師が十分な成果を導き出せるための制度的基盤の不十分さを指摘している．生活科という教科の実践に，意欲と能力をもっている教師は新学力観の持つ自由さを積極的に受け止め，自らの創意工夫に基づいて十分な成果をあげることができるだろう．しかし，「わけわからん」「なにをせにゃいけないというのがない」というA先生の語りはその自由さのデメリットを映し出すものとなっている．子どものために行われる教師の創意工夫を，教師への「押し付け」にしないためにも，苅谷の指摘は重要である．

次に，経験主義との観点から言えば，当時の教育問題の元凶が「詰め込み」の教育，「知識偏重」の教育に求められたこともあり，その問題の解決策として登場した新学力観＝生活科は，体験を何よりも重視するまさに経験主義の性格を持ったものである．しかし生活科のカリキュラムは，苅谷の指摘するような脆弱な制度的基盤のせいもあってか，その体験・経験が「そんな20何時間も外に出て遊ぶわけにはいかない」（A先生），「活動はとにかく手段」（B先生）という捉えられ方をしている．つまり，「体験を内容，目標，方法とする生活科」という中野の説明と照らし合わせると，体験や活動に対する教員の解釈（受け止め方）のあいだには，乖離があるのである．

このように，生活科の実践における問題点がみられるが，そもそも生活科が求められた背景，その現状認識，課題意識についても注意してみる必要がある．つまり生活科誕生にあたっては，家庭教育や社会教育という学校の外での教育における体験の不足という社会問題を根拠に，学校にその補塡が求められたという背景がある．しかし，子どもたち特に生活科の授業をうける小学生の学校の外での体験は，本当に不足しているのであろうか．2004年実施の調査（「第1回子ども生活実態基本調査」）では，①「かくれんぼやおにごっこに参加したこと」，②「地域のお祭りやイベントに参加したこと」，③「海や山で遊んだこと」に，「たくさんあった」＋「ときどきあった」と回答した小学生は少なくない（①では85.9％，②では82.6％，③では71.6％）（ベネッセ 2005）．2004年時点ではあるが，現在の子ども達の体験自体は必ずしも不足していないのである．

すなわち，生活科が前提としている子どもの経験の不足について修正を加える必要があるのである．しかし，この経験が不足しているという子どもへの認識は，文部科学省も含め広く世間に受け入れられている．それでは，なぜ現在子どもたちの体験は必ずしも不足していないという状況がありながら，経験主義の教育が受け入れられており，そしてこれまで経験主義の教育が受け入れられてきたのだろうか．そこで，威力を発揮したのが伝統的な教育理念，子ども中心主義である．第1節で考察したように，70年代以降「子ども中心主義」の

教育は，「楽しい授業」，「ソフトな管理」としての効用から，大正時代の新教育運動，戦後新教育運動以来，再び注目を集めていた．このようなコンテンポラリーな子ども中心主義の再興という背景を受け，生活科そして経験主義も子ども中心主義にその正当性を求めたのである．

　子どものために行われる子ども中心主義の教育であるが，A，B両先生の語りからは制度的に伝統的な教育理念，子ども中心主義＝経験主義と統合されることで，その内容は教師達の子ども中心主義，経験主義への解釈によって，生活科はその意義を十二分に発揮できないものとなっていることがうかがえる．70年代以降，注目を浴びている子ども中心主義であるが，制度的に学校教育のカリキュラムに反映させる時，伝統的な系統主義対経験主義の対立に換言されない，新たな内容・形式を考えていく必要があるだろうことを生活科の経験は裏付けているのではないだろうか．

注
1）　表記の仕方は，桜井（2001）にしたがった．

第2章 学力低下問題

1 学力とは何か

　教育を論じるとき，学力問題は見過ごすことのできない重要な問題である．2000年前後より，その学力が低下した，とマスコミで報道されるようになった．本章では教育界に留まらず，社会問題の1つになった学力低下問題について，その動向を整理検討していきたい．

　学力問題の議論の出発点として，学力の定義を確認しておくことは不可欠な作業である．すなわち「学力とはそもそも何だろうか？」という問いに対する解答を確認したい．この問いは一見，素朴なもののように思えるかもしれないが，その回答は容易なものではない．学力の定義は多様でそれ自体，論争の的になる．

　ひとまずここでは志水（2005）において紹介されている学力の「氷山モデル」（図2-1）を参照したい．これは学習指導要領との対応関係も含めて整理している点で理解しやすい学力モデルである．図2-1をみてみると学力をA，B，Cの3つに分けていることが分かる．Aは試験などで点数化してみることができる学力の構成要素で，学習指導要領では知識理解等を指す部分である．Bは試験で測ることは難しいが，学校での成績や試験に大きく関わっている学力の構成要素で，思考力等を指す．Cは点数化できないが，AやBの基盤になる学力の構成要素で意欲，関心，態度が相当する．水面に浮かぶのがいわゆる「目に見える学力」でAとBの一部で，水面下すなわちCとBの一部がいわゆる

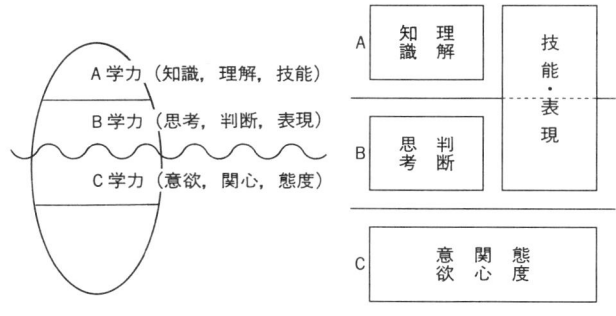

図 2-1　学力の「氷山モデル」
出典：志水（2005, 37頁, 図 1-3）．

「目に見えない学力」である．本章ではこの学力の「氷山モデル」を念頭に置き，学力低下問題を考えていきたい．

　学力の定義と同時に，本章が取り扱う学力低下問題の社会的意義についても確認しておきたい．それは大きく2つあるだろう．1つは学力が個人の社会的生活上，不可欠な力であるという点である．仮に国語の学力が今より低下したとすると，たとえば新聞やインターネットのホームページに記載されている内容を正しく読み解くことができなくなる．また現在，社会的生活を営む上で携帯電話は不可欠なツールとなっており，特にメール機能は不可欠なものである．国語の学力が低下したら適切なメールを送信したり，相手のメールを正しく理解したりすることが困難になるかもしれない．

　一方，学力問題は個人だけの問題ではない．学力低下問題の2つめの社会的意義は，学力が社会の維持・発展を達成する上でも不可欠な要素という点である．先ほど携帯電話を例にしたが，私たちが携帯電話を使用できるのは携帯電話を製作し，携帯電話に関わるシステムの維持管理を行う人々がいるからである．仮に社会全体の学力が低下したとするとき，携帯電話の改良に携わることができる高度な知識技能を有した人材の数が少なくなったり，またそうした人材の知識技能が低下したりする恐れがある．そのためユーザーのニーズに対応

した携帯電話の改良がなかなか進まないことも予想される．このようなことは携帯電話だけではなく，私たちの生活のあらゆることで予想される．

　学力問題は私たちにとって個人的な問題であると同時に，社会的な問題である．その学力が低下したとするならば，私たちは決して無視することができない重要な問題である．そこで次では学力低下問題の動向についてみていこう．

2　学力低下問題の動向

（1）　問題の起点――分数ができない大学生

　学力低下問題は1999年に出版された『分数ができない大学生』に端を発しており，当初，小中高校生ではなく大学生の学力について問題となった．小学校算数の学習内容に関する大学生の正答率などが問題視され，具体的には，1割から2割程度の大学生が小学校で習った簡単な算数の問題を間違っていたのである（岡部ほか1999，9頁などを参照）．この本は社会的にも大きなインパクトを与え，学力問題が社会問題化される契機となった．

　ここで重要な点は，学力低下の原因が高等教育の問題だけではなく，それ以前の初等中等教育段階の教育に向けられたことである．そうした中，学力低下論争が巻き起こるわけだが，次に学力低下の根拠となったいくつかの調査結果をみてみよう．

（2）　学力調査――時系列比較

　学力が低下したかどうかを判断するための方法として，時系列比較が挙げられる．つまり過去と現在の学力を比較するという方法である．過去より現在の方が学力は低くなっていたら，「学力は低下した」と判断できる．

　ここで1つ留意しなければならない点がある．それは調査で測る学力とは何かという点である．直接的には「テストで測定した学業達成（academic achievement）」であり，先ほどの学力の「氷山モデル」でいえば「目に見える

表 2-1 学力調査の結果
(学年別にみた総合的な正答率)

	2002	1982	差
1年	81.0	85.6	-4.6
2年	73.3	81.7	-8.4
3年	73.5	84.9	-11.4
4年	77.9	84.4	-6.5
5年	76.8	84.5	-7.7
6年	79.9	85.5	-5.6
全体	77.2	84.4	-7.2

出典:苅谷・志水 (2004, 25頁, 表1).

学力」のことを指す．すなわち調査では直接的には，学力の一部分を捉え，その変化を検討しようとしている．

　この点を踏まえつつ，調査の結果を見てみよう．過去と現在の比較が可能な複数時点の学力調査は，文部科学省（文部省）が実施してきた「教育課程実施状況に関する総合的調査研究」などを除いて，実はそれほど多くない．そうした中，学力低下論争の中心的論客の1人でもある苅谷剛彦たちによる学力調査がある（苅谷・志水 2004）．苅谷・志水らは関東地方において1982年と2002年の2時点で小学生対象に同じ学力テストを実施している．

　調査結果を見てみよう．表2-1は学年別にみた正答率の変化であるが，学力は低下していることが分かる．全体としてみると，1982年の正答率は84.4%であったが2002年の正答率は77.2%と7.2ポイントの低下がみられる．特に低下が大きいのは3年生，2年生，5年生であった．

　この調査では明確に学力が低下していると判断できるだろう．しかしそのほかの調査は容易に学力低下と判断できる結果にはなっていない．学力調査をレビューした本田（2002）は，学力は「やや低下しているといえる場合もある」(113頁)と指摘している．テストの問題によっては必ずしも低下していない項目があったり，またむしろ高くなっている項目もあったりするため，容易に学力が低下したとは判断できない状況にあるようだ．しかしこのように結果が異

なるのは調査方法等が様々であるため，ある程度は仕方ない．学力調査のあり方については今後の課題としておきながら，ひとまずは全体的に学力は低下傾向にあると認めてよいように思われる．

（3） 学力調査——国際比較

学力の変化を測るもう1つの方法は国際比較である．ここでいう学力は基本的には国家レベル，すなわち日本における学力の低下を問題としている．そうするならば日本の学力が他の国と比べてどのような違いがあるのか検討することは，学力の高低を測定する上で重要な指標となりうる．

とりわけ注目を浴びたのが，PISAとTIMSSという調査である[1]．ここではPISAの結果についてみてみたい．PISA（生徒の学力到達度調査）はOECD（経済協力開発機構）がおこなった調査である．15歳を対象にした調査で，2000年より3年サイクルで実施されている．科学的リテラシー，読解力，数学的リテラシーの3項目によって構成されている．**表2-2**はPISAの結果であるが，3項目ともすべて国際順位が低下していることが分かる．

表2-2　PISAの結果

		2000年	2003年	2006年
科学的リテラシー	全参加国中の日本の順位	2位	2位	6位
	日本の得点	550点	548点	531点
	OECD 平均	500点	500点	500点
読解力	全参加国中の日本の順位	8位	14位	15位
	日本の得点	522点	498点	498点
	OECD 平均	500点	494点	492点
数学的リテラシー	全参加国中の日本の順位	1位	6位	10位
	日本の得点	557点	534点	523点
	OECD 平均	500点	500点	498点

出典：http://www.mext.go.jp/a_menu/shotou/gakuryoku-chousa/sonota/071205/001.pdf より筆者が作成．

表 2-3　学力低下論，ゆとり教育論の類型

	国家・社会の観点から	児童・生徒の観点から
ゆとり教育に肯定	タイプ1 教育過剰論，新自由主義的教育論	タイプ3 児童中心主義的教育論，体験型・参加型学習論
ゆとり教育に否定	タイプ2 国際競争力低下論，学習意欲論・階層化論	タイプ4 学習権論，吹きこぼれ論

出典：山内・原（2004，21頁，表2-3）より一部筆者が修正し作成．

（4）　学力低下論争の整理

こうした各種調査結果が公表される中，先ほど述べたとおり学力低下論争が巻き起こった．ただこの学力低下論争は，各論者により学力の定義や教育観が異なるため，議論がかみ合わなかったりする場合がある．そこで，学力低下論争を2つの軸から4つに類型化した山内（2004）のものを参照してみよう（表2-3）．1つの軸は「国家・社会の観点」という教育の客体として児童・生徒を捉える視点と，「児童・生徒の観点」という学習の主体として児童・生徒を捉える視点である．またゆとり教育を肯定的に捉えるか，否定的に捉えるか，という点からも分類している．学力低下論争の詳細は山内・原（2004）などを参照されたい．

ここで重要な点は，文部省（文部科学省）が推進してきたゆとり教育と呼ばれるものが，学力低下の原因として社会的に認識されたという点である．そしてそれがその後の教育政策に一定の影響を及ぼしたのである．そこで学力低下問題前後の教育政策，具体的には学習指導要領の変遷を概括し，さらには学力低下に対する社会の反応をみてみたい．

3　学力低下問題がもたらしたもの

（1）　ゆとり教育の展開

はじめに学力低下の原因として批判されたゆとり教育について，簡単に紹介

しよう．日本の初等・中等教育の教育内容は学習指導要領に大きく規定されている．その変遷は**表2-4**においてまとめられている．その中で，受験競争の激化や学歴社会への弊害などを背景に，学習指導要領において学習内容，授業時間の削減を行っている時期の教育をゆとり教育と呼ぶ．そのスタートは1977年改訂の学習指導要領とされている．

　ゆとり教育の問題点として授業時数の減少がよく指摘される．**表2-5**をみると1977年改訂以降，1998年改訂まで減少傾向にあることが分かる．

　一方，教育内容については，志水（2005）などが次のような指摘を行っている．1977年度改訂以降，教師主導の知識詰め込みではなく，子どもたちの「意欲・関心・態度」を重視する新しいタイプの授業等が追求されるようになった．その結果，極端なところでは基礎的な学習事項の習得は軽視されるような風潮

表2-4　学習指導要領の歴史的変遷(1951-1998年改訂まで)

1951年	教育の生活化（経験主義の問題解決学習）
1958年	教育の系統化（系統学習への転換，基礎学力の充実）
1968年	教育の科学化（科学的な概念と能力の育成）
1977年	教育の人間化（学校生活におけるゆとりと充実）
1989年	教育の個性化（新しい学力観に基づく個性の重視）
1998年	教育の総合化（特色ある学校づくり，総合的な学習の創設）

注：年は改訂年度．
出典：中野（1999）より筆者が作成．

表2-5　授業時数（小学校）

	小1	小2	小3	小4	小5	小6	小学校6年間合計	前回改訂からの増減率
1968年改訂	816	875	945	1,015	1,085	1,085	5,821	
1977年改訂	816	875	945	945	945	945	5,471	-6.0%
1989年改訂	816	875	945	945	945	945	5,471	0.0%
1998年改訂	748	805	875	910	910	910	5,158	-5.7%
2008年改訂	816	875	910	945	945	945	5,436	5.4%

注：特別活動の時間は除く．
出典：小学校学習指導要領より筆者が作成．

が学校現場に広まった．1998年改訂の学習指導要領では3割削減となり，当時話題となったのは，小学校で学習する円周率を「3.14」ではなく「3」として計算することや，台形の面積の公式の削除などである．1998年改訂学習指導要領は，小中学校において2002年度より実施することになっていた．しかし2002年にはすでに学力低下問題が社会問題化されていたため，学習内容の削減について大々的に批判的報道が展開された．

（2）　学力低下問題の発生から学習指導要領の改訂へ

　学力低下問題が社会問題化し，その結果，ゆとり教育批判が始まって以降，教育政策はどのように展開されていったのか．先ほどみたとおり学習指導要領については，1998年度改訂（小中で2002年度施行）までは授業時間や教育内容の削減が進められた．しかし学力低下が社会問題化されたことを受けて，文部科学省の政策は学力向上を重要課題とするようになっていった．まずは2002年，1998年度改訂学習指導要領が施行される直前（2002年1月）に，「確かな学力の向上のための2002アピール『学びのすすめ』」が発表された．ここでは学力の向上が重要な教育課題であることが指摘された．

　その後，2003年10月，中央教育審議会より「初等中等教育における当面の教育課程及び指導の充実・改善方策について」という答申が出される[2]．答申には，学力との関連でいえば，「1．学習指導要領の『基準性』の一層の明確化」「2．必要な学習指導時間の確保」「4．『個に応じた指導』の一層の充実」「5．全国的かつ総合的な学力調査の今後の在り方やその結果の活用」という点が重要であろう．

　このうち特筆すべきは，2003年12月の学習指導要領一部改訂により，学習指導要領の位置付けを「最低基準」へと変更し，学習指導要領の範囲を超える発展的内容を教えることが可能になったという点である．

　また同じく2003年度より文部科学省は「学力向上アクションプラン」という事業を展開している．先ほど指摘された「確かな学力」向上のためのもので，

たとえば学力向上フロンティア事業，学力向上支援事業，学習意欲向上のための総合的戦略，理科大好きスクール，国語力向上モデル事業などがある．

そうしたなか，2008年，小学校と中学校の学習指導要領が改訂された．文部科学省によれば，教育基本法や学校教育法の改正などをふまえ，「生きる力」をはぐくむという学習指導要領の理念を実現するため，その具体的な手立てを確立する観点から学習指導要領を改訂したとしている[3]．

ここで文部科学省が用いている用語について整理しておこう．重要な用語として「生きる力」と呼ばれるものがある．文部科学省の説明によれば，「変化の激しいこれからの社会を生きる子どもたちに身に付けさせたい「確かな学力」，「豊かな人間性」，「健康と体力」の3つの要素からなる力」を指し示すものである．なお，「確かな学力」とは「知識や技能はもちろんのこと，これに加えて，学ぶ意欲や自分で課題を見付け，自ら学び，主体的に判断し，行動し，よりよく問題解決する資質や能力等まで含めたもの」とされている．これらの関係を概念図で示したものが図2-2である．

この点をふまえた2008年度改訂の具体的なポイントのうち，「確かな学力」に関連するポイントは，「3．基礎的・基本的な知識・技能の習得，思考力・

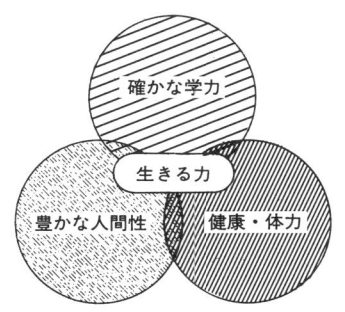

図2-2　生きる力の概念図

出典：文部科学省ホームページ「確かな学力　これからの時代に求められる力とは」(http://www.mext.go.jp/a_menu/shotou/gakuryoku/korekara.htm)．

判断力・表現力等の育成」「4．確かな学力を確立するために必要な時間の確保」「5．学習意欲の向上や学習習慣の確立」である．

また，これまでゆとり教育の問題と指摘された授業時数もこのたびの改訂で増加された（小学校6年間で約5％増加．詳細は**表2-5**のとおり）．この学習指導要領は，小学校は2011年度から，中学校は2012年度から全面実施されている．

(3) 全国的な学力調査

先ほどの2003年10月「初等中等教育における当面の教育課程及び指導の充実・改善方策について」という中央教育審議会の答申において明記されていた学力調査が，2007年よりスタートした．文部科学省は調査の目的として，「1．全国的な義務教育の機会均等と水準向上のため，児童生徒の学力や学習状況を把握・分析し，教育の結果を検証し，改善を図る」「2．各教育委員会，学校等が全国的な状況との関係において自らの教育の結果を把握し，改善を図る」としている．また対象学年は小学6年生（国語，算数）と中学2年生（国語，数学）である．学力調査と同時に，生活習慣や学習環境等に関する質問紙調査を実施することにより，学力向上の改善点を明らかにしていこうとしている．

ただし調査の実施・結果公開には課題が存在する．2007年，2008年では，公立学校についてはほとんどの学校が今回の学力調査に参加した．しかし教育改革で有名な愛知県犬山市は，学力調査は競争をあおり，犬山市が志向してきた教育の方針と相容れないという理由から学力調査の不参加を表明した[4]．また公表に関しても課題がある．調査結果の公表について文部科学省では，都道府県別の結果のみに留め，学校ごとの公開は教育委員会に委ねられている．そうしたなか，2008年には大阪府知事が調査結果を公開するよう言及し，1つ話題となった．たしかに情報公開を重視する立場に立てば，積極的に調査結果を公開し，それを教育の改善に役立てるということが求められるだろう．しかし公開したとき，ある学校の成績が良くないとした場合，その学校に対するマイナスイメージが付与され，学校選択制を導入している地域ではそうした学校への入

学を希望する児童・生徒が減少する恐れがある．それは学校の努力が足りないから仕方ないと考えることができるかもしれない．しかし学力は単純に教師の指導力など学校教育によってのみに規定されるものではない．その点に関しては，最後に改めて考察したいと思う．

　また全国的な学力調査は今回がはじめてではないという歴史も忘れてはならない．実は同様の調査は1960年代にも実施されていたのである．しかし当時，学校や地域間格差を助長するといった批判から数年で調査が中止された．当時と今日の状況は大きく異なり，過去との安易な比較参考は慎まなければならないかもしれない．しかし今回の学力調査は，緊縮財政の状況下，多大な予算をつぎ込み実施されている．また現場レベルでは授業時間数が不足している中，多くの時間とさらに多大な労力を費やして調査が行われている．調査実施の意義を常に問いかけつつ，教育改善に資する調査にしていくことが必要であろう．

(4) 学力低下に対する社会の反応——公教育への不信

　このように文部科学省は2002年ごろより学力重視の政策に展開し，それに関連した施策に取り組んできた．一方，学力低下に対する社会の反応はどういったものだったのだろうか．結論的に述べると，公教育，すなわち公立の小学校，中学校への不信・不安が増大したといえる．

　このことは学校外の教育機会にどの程度，投資しているかどうかということで判断できるだろう．たとえば学校外の教育機会の代表例である塾を取り上げたい．表2-6は公立小学校に通っている児童のうち，どれぐらいの割合の児童が塾に通っているのか，また塾に通っている児童は年間でどの程度，塾の費用を負担しているのかを示したものである．調査結果を見ると，小学校の段階で塾に通わせる家庭は増加していたことがわかる．1998年の段階では，36.9%であったが，2006年では43.3%となっていた．8年の間で通塾率が6.4%ポイント増加したのである．また通塾者の費用負担も1998年では年間平均12万9000円であったのだが，2006年では14万2000円に増加していた．

表 2-6　公立小学校の児童の通塾状況の変化

	1998年	2000年	2002年	2004年	2006年
通塾者の割合	36.0%	36.7%	39.0%	41.3%	43.3%
年間平均塾負担額（千円）	129	119	130	140	142

注：通塾者の割合は，年間で塾に関する費用が0円の児童の割合を引いたもの．
出典：文部科学省「子どもの学習費調査」の各年度の調査結果より作表
（http://www.mext.go.jp/b_menu/toukei/001/index06a.htm）．

　学力面に関する公立小学校への信頼が高いのならば，わざわざ費用を負担して自分の子どもを塾に通わせようとする家庭は少なくなるはずである．しかし学力低下問題が社会問題化された2000年ぐらいから，徐々に通塾の割合や通塾者の塾費用の負担額が増加していった．学校だけでは十分な学力が身につかないと判断し，塾に通わせて学力を高めようとする家庭が増加した可能性がある．
　では実際に，「学力の向上のために通塾させる」という家庭の戦略は成功しているのか．その点について苅谷剛彦による統計分析の結果をみると，塾に通っていることが小学校5年生の算数正答率を向上させることを明らかになっている（苅谷・志水 2004, 140頁）．この結果からは，通塾という家庭の戦略は学力向上にたいし合理的なものであると判断できる．学力低下問題が叫ばれ，その原因がゆとり教育であるという言説が流布した状況下では，公立学校の信頼は低下したものと推察される．そうした中，塾の効用を知る家庭は，通塾という手段を用いて自分の子どもの学力を保証・向上させようとしたのだろう．しかしこのような状況には問題が潜んでいる．その点については最後に考察したい．

4　学力向上に資する手段は何か

　本章では学力低下問題について，その動向を整理検討した．学力低下は1999年の『分数ができない大学生』を契機に社会問題化され，学力低下に関する批判の矛先がゆとり教育に向けられたことなどを紹介した．その後，文部科学省

は学力重視政策にシフトしていき，学力向上に向けた学校教育の改善を志向している一方，通塾者の増加などから社会において学校教育の不信が増大していることが推察された．

　こうした動向をふまえて，最後に学力低下を防ぐ，さらには学力向上に資する方策について考察したい．まずこの問題を考察する上で，先ほど取り上げた塾のような学校外への教育機会への投資の是非を考えたい．学力低下が社会問題化されてから通塾の割合が増加し，さらにその通塾が学力向上に効果があった．学力問題を個人的な問題として捉えるならば，通塾は推奨されるかもしれない．塾も子どもの教育機会の1つであることには変わりなく，その機会に恵まれている子どもには積極的に通わせることは何ら問題ない．

　しかし学力問題を社会全体の問題として捉えるならば，通塾という手段には限界がある．なぜなら塾に通わせる機会は平等ではない，すなわち格差が生じているからだ．**表2-6**のとおり，2006年の調査では通塾にかかる費用は平均で年間14万2000円となっている．私たちが忘れてはならないことは，通塾させることが大きな経済的負担と感じる家庭が確実に存在しているという事実である．このことの証左は同じ**表2-6**に示されており，通塾の割合は増加しているものの小学校段階では半数以上は塾に通わせていない（通わすことができない）のである．社会問題としての学力低下を考えたとき，安易に塾に期待をかけることは教育機会の不平等を是認する恐れがある．

　やはり否応なく学校教育，とくに公立の学校教育に期待をかけざるをえない．しかしここでも重要な問題が潜んでいる．それは公立学校に通う児童・生徒は，入学の段階で同じスタートラインに立っていないという事実である．実は学力を規定する要因として，個人の家庭背景が非常に重要なものとなっていると言われている．つまり家庭が文化的経済的に豊かな層の子どもは，そうではない子どもと比べて家庭において学力が高まる環境が整っていることなどから，結果的に学力が高い傾向がある．また，学校教育の効果と比べても，家庭背景の方が学力の規定要因として重要である，とも言われている．このことは社会科

学においては常識化されたものであり，さらに近年の一部研究では，学力低下はとりわけ社会階層において下位に位置づく子どもで顕著にみられるという結果も出されている（苅谷 2001）。こうした事実をふまえず安易に学校教育に依存することは，問題のさらなる深刻化をもたらす危険性がある．

　ではこうした事実を前にして私たちはいかなる方策をとるべきなのだろうか．この問題を解決することは決して容易ではない．その点を十分踏まえた上で，解決の手がかりとなり得る研究事例を最後に１つ紹介したい．それは「効果のある学校」研究である．この研究は社会階層間の学力格差を縮小している学校を見いだし，その特徴を考察するものである．さらにその成果を学校の改善に役立てようとする実践的な研究でもある（例えば川口・前馬 2007，川口 2009）。志水（2005）は，「効果のある学校」には次のような特徴があることを指摘している．それは①子どもを荒れさせない，②子どもをエンパワーメントする集団づくり，③チーム力を大切にする学校運営，④実践志向の積極的な学校文化，⑤地域と連携する学校づくり，⑥基礎学力定着のためのシステム，⑦リーダーとリーダーシップの存在，の７つである．

　「効果のある学校」の特徴が，すべての学校に応用可能なものかどうかは不明であり，今後の研究の蓄積が待たれる．しかしいずれにせよ私たちは学力低下問題を個人の問題として片付けるのではなく，社会全体の問題という認識のもと，その問題を克服する手段に関心を向け続けることが必要ではないだろうか．

注
1）　ただしこの２つの調査の最新結果は，学力低下論争がやや落ち着いた時期に公表され，結果的には学力低下という現象を追認した調査といえる．
2）　http://www.mext.go.jp/b_menu/shingi/chukyo/chukyo0/toushin/03100701.htm を参照．
3）　http://www.mext.go.jp/a-menu/shotou/new-cs/idea/index.htm
4）　2009年の調査には犬山市は参加した．

第3章　自己決定・自己責任と子ども

1　子どもを追い詰める学校教育

（1）　1980年代までの日本の学校教育

　学校教育における対教師暴力，いじめ，不登校等の，一連の教育問題が社会問題化し始めるのは，1970年頃からと言われている．その原因について端的に言えば，生活が豊かになるにつれ，人々の学歴や教養の水準が高くなり，学校や教師が文化的優位性を維持しにくくなったことから，学校が「ありがたいもの」でなくなっていったことが大きい．同様に，この時期以降教師の権威が崩れ始める．また時期をほぼ同じくして「落ちこぼれ」や「教育ママ」という言葉が登場した．こういった言葉が誕生する背景として，高度経済成長（1955年－1973年）を経て，経済的に豊かになった保護者が，子どもの教育や学校における成績に対して関心を寄せることができるようになったことを挙げることができよう．結果として，この時期の大学・短大の進学率は急上昇する．具体的には，1965年に10.3％だった大学・短大の進学率は，1970年には23.6％，さらに1975年には37.8％に急上昇する．大学進学が一部の富裕層に限定されていた時代と異なり，10年の間に4割弱が大学・短大に進学する時代に一変する．そうなると，ますます多くの子どもたちが「今」を犠牲にして，「未来」を獲得するための受験競争に身を置くことを強いられる．

　「近ごろ，とくに目につくことは，毎日の新聞にかならずといってよいほど教育に関する記事がのっているということである．しかも，一日だけの記事ば

かりではなく，何か月，何か年とつづく連載記事も多いのである．このことは教育，とくに学校教育がじつにさまざまな問題をかかえていて，しかも，それらの問題が学校の垣根を破って，生なましい社会問題としてあふれだしてきたことを物語っている．そういっても誇張ではないと思う」（遠山 1976，1頁）．

上記は，数学者であり，教育学者でもある遠山啓の『競争原理を超えて』のはしがきからの引用である．彼は，教育問題のおおもとの原因は，「競争原理」にあると考えていた．しかし，当時は彼が主たる原因とした「競争原理」を信奉する臨時教育審議会（臨教審）が，教育改革を牽引することになる．

（2） 臨時教育審議会における学校選択制の議論

1980年代，主な先進国と称されるアメリカ，イギリス，そして日本は，共通した思想をもつ人物が，各国をリードしていった．アメリカのレーガン大統領，イギリスのサッチャー首相，そして日本の中曽根康弘総理大臣は，「新自由主義」という市場中心主義の政治経済思想に基づき，いわゆる「小さな政府」を標榜した政策を展開していった．つまり，政府による規制を緩和・撤廃し，競争原理を導入することで，生産性を高め，社会の活性化を図ることが目指された．

「新自由主義」的な考えは，教育改革にも大きな影響を与えることになった．学校教育に目を転じれば，中曽根総理大臣の強いリーダーシップの下，臨教審（1984-1987年）が設置された．臨教審第一次答申によれば，教育改革において最も重視されなければならないものとして臨教審が掲げているのは「個性重視の原則」であり，それは「これまでの我が国の教育の根深い病癖である画一性，硬直性，閉鎖性，非国際性を打破して，個人の尊厳，個性の尊重，自由・自律，自己責任の原則」を確立することだとしている．また，自由については，「選択の自由の増大する社会に生きる人間は，自由を享受すると同時に，この自由の重み，責任の増大に耐え得る能力を身に付けていかなければならない」．つまり，自己責任が厳しく問われる教育改革を志向していることは明白であり，

その後の教育改革は現在に至るまで，概ね「新自由主義」的な思想をベースに展開されることになる．

　日本の公立学校教育においては，従来，就学する小学校・中学校が指定されて，主として量的な意味において教育の機会均等を実現してきた．しかし，臨教審第三次答申は，第2章初等中等教育の改革，第6節通学区域において「就学すべき学校について，事実上単なる機械的，硬直的な指定となり，選択の機会に対する配慮に欠ける状況がみられる．このことが学校教育の画一性，硬直性，閉鎖性と子どもの自主的精神・個性の伸張を妨げている」とし，全国一律的な学校選択制度の導入については消極的ながらも，市町村教育委員会レベルでの同制度の実施については多様な方法を工夫すべきであるとした．

　同時に同答申では，以下のような言及もされている．「可能な限り，子どもに適した教育を受けさせたいという親（保護者）の希望を生かす」，「父母，子どもが入学したいと思うような魅力のある小学校・中学校が，多様な形で用意されていることが基本」，さらには「学校は，地域住民や父母の意見を学校の運営に組織的に反映する制度や方法を工夫」すること等である．これらの指摘は，現在の教育改革に対しても傾聴に値する内容である．特に，地域住民や父母の意見を学校運営に反映させる提案については，単に子どもや保護者を消費者として位置づけないという意味で，非常に重要である．

(3) 1990年代以降から現代にいたる学校における子どもの実態

　いわゆるバブル景気のなか，経済成長が右肩上がりであった1990年代初頭ごろまでは，上記したような一連の教育問題を抱えながらも，全体的に見れば，学校教育は児童生徒を偏差値が1つでも上の上級学校へ進学させる選抜的役割を果たせていた．したがって，学校が，たとえ「ありがたいもの」ではなくなりつつあっても，多くの子どもたちは，耐えて日常をやり過ごしていた．

　しかし，偏差値教育や習熟度別クラス等，競争社会の縮図ともいえる教室空間において，子どもたちは孤立して勉強を強いられる．学級経営の観点から学

級づくりが教師の手によって展開されようとしても，普段の教室における子どもたちの孤立した状況では，子ども同士のつながりを形成することは容易ではない．偏差値という尺度でみれば，教室のみんなは，仲間であるというより，競争相手であるからである．もちろん，競争そのものを全面的に否定するつもりはない．たとえば，スポーツがそうであるように，切磋琢磨することによって記録が伸びることはある．ただ，唯一の尺度としての偏差値に代表される「学力」による評価は，子どもたちの息苦しさを増幅させるだろうことは容易に想像できる．その息苦しさを解消するために，未熟な存在である子どもたちは，暴力，いじめ，あるいは不登校等の行動をとることにより，精神のバランスを維持しようとしていると考えられる．

　統計的な数字を見れば，その傾向は広がりを示しつつある．「平成19年度児童生徒の問題行動等生徒指導上の諸問題に関する調査」によれば，小・中・高等学校の児童生徒が起こした暴力事件の発生件数は5万2756件，前年度と比較しておよそ8000件増加しており，加えて，小・中・高等学校すべての学校種で過去最高となっている．

　また，ストレスを抱えた未熟な存在である子どもたちは，自分たちより弱い，あるいは自分たちとは違う子どもをターゲットにいじめが始まる．1986年の「このままじゃ生き地獄」だと命を絶った東京中野区の鹿川裕史君（中学2年生），1994年に「もっと生きたかった」と遺書を残して自殺した大河内清輝君（中学2年生）のケースは，特にマスコミ等で大きく取り上げられたことから，強く記憶に残っている人も少なくないだろう．しかし極めて残念なことに，いじめによる自殺は後を絶たない．

2　日本における学校選択制導入過程と現状

（1）　学校選択制導入過程

　1980年代中期に臨教審が通学区域について上記のような答申（第三次）を出

したにもかかわらず，学校選択制に関する動きは遅々として進まなかった．実際に学校選択制が政策課題に挙がってきたのは，1996年の行政改革委員会による「規制緩和の推進に関する意見（第二次）」を契機としている．学校選択論議が，文部省からではなく，規制緩和の一環として行政改革委員会から出されたことは，学校選択制の特徴を示している．つまり，学校間の競争による教育の質の向上という，「新自由主義」的な発想が明確に存在する．

　上記の規制改革委員会の意見に反応する形で文部省が，1997年に「通学区域の弾力的運用について（通達）」を出した．また1998年の中央教育審議会（以下中教審）答申「今後の地方教育行政の在り方について」において，「小・中学校の通学区域の設定や就学する学校の指定等に当たっては，学校選択の機会を拡大していく観点から，保護者や地域住民の意向に十分配慮し，教育の機会均等に留意しつつ地域の実情に即した弾力的運用に努めること」と，している．しかし，臨教審答申（第三次）以降，文部省からの動きがなかったこと，また1997年の上記通達や1998年の答申内容を概観すれば明らかなように，文部省や中教審は特に全国一律的な学校選択制導入については積極的ではない．

　一方で既述した規制改革会議や，2000年に提出された森喜郎総理大臣の私的諮問機関であった教育改革国民会議による「教育を変える17の提案」では，地域の信頼に応える学校づくりを進めるとして「通学区域の一層の弾力化を含め，学校選択の幅を広げる」という提案がなされ，学校選択制の導入については積極的である．つまり，学習指導要領の縛り等を通じて，一定の枠に基づく教育の均質的提供を全国において維持しようとする文部省側と，それでは効率的に機能していないと考える規制改革会議や教育改革国民会議側との間には，大きな見解の違いがあった．

　その後2003年に実施された学校教育法施行規則の一部改正により①市町村教育委員会が就学すべき小学校又は中学校を指定するに当たって，あらかじめ保護者の意見を聴取することができることを明確化し，その場合，意見の聴取の手続きに関し必要な事項を教育委員会が定め，公表すること，②市町村教

育委員会が指定した就学校に対する保護者の申立に基づき，市町村教育委員会が就学校指定校を変更する際の要件及び手続きに関し，必要な事項を定め，公表することになった．

(2) 学校選択制の類型化と全国的な状況

　文部科学省（以下文科省）『公立小学校・中学校における学校選択制等についての事例集』によれば，学校選択制とは，以下の5つに類型化される．

　表3-1の5類型のなかには従来から過疎地対策として運用されてきた特認校制も含まれていることに留意する必要もあるが，全国において2004年11月時点において，小学校8.8%，中学校11.1%の自治体において学校選択制が導入されている．

　また2006年時点では小学校が240自治体で14.2%，2004年度と比較して5.4ポイント上昇している．中学校では185自治体で13.9%，2004年度と比較して2.8ポイントアップしている．今後検討を予定している自治体は小学校で355（20.9%），中学校で289（21.7%）であり，今後も学校選択制が全国的に広まっていく可能性が高い．

　次に自治体レベルでみると，学校選択制をしていち早く導入したのは三重県紀宝町（1998年）であった．都道府県別にみた場合，東京都（05年度までに26の市区で導入）が最も多く，次いで埼玉県（06年度までに14の市町で導入），広島県（06

表3-1　学校選択制の類型化

自由選択制	当該市町村内の全ての学校のうち，希望する学校に就学を認めるもの
ブロック選択制	当該市町村をブロックに分け，そのブロック内の希望する学校に就学を認めるもの
隣接区域選択制	従来の通学区域は残したままで，隣接する区域内の希望する学校に就学を認めるもの
特認校制	従来の通学区域は残したままで，特定の学校について，通学区域に関係なく，当該市町村内のどこからでも就学を認めるもの
特定地域選択制	従来の通学区域は残したままで，特定の地域に居住する者について，学校選択を認めるもの

年度までに10の市町で導入）が続く．

　人口規模で言えば，10 - 50万人程度が学校選択制を導入する適正な規模であり，それ以上の規模の自治体では収拾がつかなくなる可能性が高くなる．またそれ以下だとそもそも選べる学校がない，あるいはあるにしても選択できる学校が距離的に離れている，または学校と地域との結びつきが強い地域では，学校選択制が機能しないことも指摘されている．文科省が市町村レベルでの弾力的運用に留まっている理由がここにある．つまり，学校選択制は，一部例外はあるものの（広島市），一定規模（人口規模で言えば10 - 50万）以外の自治体では導入が困難なのである．

（3）　東京都品川区における学校選択制度

　市区町村レベルの学校選択制で最も注目を集めてきたケースは東京都品川区である．小学校は「ブロック選択制」を2000年度から，中学校では「自由選択制」を2001年度から導入した．2000（2001）年度から2006年度までの選択制利用者率をみると，小学校では12.9％が22.9％，中学校では22.0％が29.0％に上昇している．

　品川区教育委員会によれば，学校選択制は，「導入それ自体が目的ではなく，あくまでも経営論的発想に根強い抵抗感を示す学校の体質そのものを変えていくこと」を目的としている．また「『プラン21』は，そのねらいを達成するための方策として『学校選択制』，『外部評価者制度』，『学力定着度調査』等の施策を導入し，特色ある学校づくりを進めるとともに保護者・地域とともに新しい学校を創造」しようとしている．「プラン21」とは，同区が1999年から独自に掲げ，徐々に実施している教育改革であり，そのねらいを「教師の意識改革」と「学校教育の質的転換」としている．

　品川区の教育改革については，2000年当時より学校選択制が大きな注目を浴びてきたが，それは先述の通り学校選択制も含めた総合的な教育改革であり，また現在も「小中一貫教育」や「市民科」等が次々に提案，導入されている．

したがって，教育成果に対する評価を現時点で行うことは時期尚早である．しかし，学校選択制に限定して以下の2点を指摘することはできる．
　第1に，2000年度から学校選択制を導入する際の1999年度における保護者と各学校の当惑については問題がなかったとは言えない．1999年の秋，半年後の入学を控えた保護者にとってみれば，突然，公立学校を「ブロック制」のもとで選択できる，あるいは選択を強いられる状況となった．また，選択される学校としても，入学者の獲得に向けた学校説明会を行わざるをえない事態となった．結果として各学校の特色づくりは，主体的なものとは程遠く，同区が定めた中からの選択となった．選ぶ側の保護者，そして選ばれる側の小学校双方の時間的ゆとりが確保できなかった事実は，急ぎすぎたと判断される．
　第2に，選択される公立学校長の裁量権限が課題となる．里見が「『個性的な学校づくり』のためには，校長の権限の拡大が必要です．オズボーンがいっているように，カリキュラムや教員人事にも及ぶ校長の自己決定権が必要です．人事を教育委員会に委ねているいまの体制では，志をもった校長の下に，志をもった教員が集結するということは不可能でしょう（里見 2001, 66頁）」と指摘するように，後述するアメリカのチャータースクールほどではないにしても，カリキュラムや人事に関して各学校長に権限が与えられていたかが重要である．そして当時そのような権限は各学校長には付与されていなかった．つまり，特色づくりを出せる条件が整備されていない状況において，学校は特色づくりを強いられていたと理解できる．同学区が用意した特色を各学校が選択することになることは当然の結果である．それは，校長のリーダーシップの下，教職員が力を合わせて創りだした特色とは程遠いように思える．

3 選択を強いることのない学校選択制における
チャータースクールづくり

(1) アメリカにおける公立学校選択制の歴史と現状

　アメリカでは連邦最高裁のブラウン判決（1954）により違憲とされるまでは，白人と非白人が別々の公立学校に通うことは常識であった．そして人種差別の壁は非常に厚く，ブラウン判決後も，公立学校における人種統合は遅々として進まなかった．つまり，当時は人種的な理由で，公立学校の棲み分けが既になされており，実質的には公立学校選択が行われていた．

　1960年代の公民権運動のなかで，ジョンソン大統領は「公民権法」を1964年に成立させ，社会問題の貧困と，白人による黒人への差別と偏見の解消を目指した．そしてそのためには小学校就学前の教育を充実させるなどの補償教育を重視し，富裕層と貧困層の社会経済的格差を縮小しようと試みた．

　続く1970年代のアメリカにおける学校教育も，基本的には補償教育政策を継承し，さらに人種統合の政策として「人種統合バス通学」を実施した．これにより強制的に人種統合を試みたが，その反動として白人が都市部から郊外に移り住む，いわゆる「ホワイト・フライト」が急速に進行し，都市部における非白人の集中を促進することになった．このことにより，白人は居住区を変更し，郊外の恵まれた環境にある公立学校を選択することになった．つまり，「ホワイト・フライト」は，富裕層に限定された実質上の学校選択ととらえることができる．

　「ホワイト・フライト」の結果として，都市部に非白人が集中した．その状況を改善するために，学校選択制としてのマグネット・スクールが都市部学区において制度化された．その目的は人種統合であり，学校によって提供される魅力的な教育プログラムがマグネット（磁石）のように，人種に関係なく，児童生徒をひきつけるという特徴をもつ．

1980年代のアメリカは，市場原理，学校選択，規制緩和を軸に教育改革を推進した．第1節において言及したように，アメリカは1980年代以降，「新自由主義」的な政策により，教育改善を実現しようとした．その後も多くの教育改革が，各州主導により敢行されたものの，2000年においても，富裕層と非富裕層の経済格差は依然として大きく開いたままであった．その格差は，教育格差としても現れてきた．しかし，それは当然の帰結であった．なぜならば，スタート時点における条件整備がなされないままでの，学校教育における競争原理の導入は，非富裕層に有利に作用することはなく，結果として格差を助長するに過ぎない．

　それは，学校選択制に関しても同じことが言える．学校選択制の提案は，1955年のフリードマンによる教育バウチャー制が最初である．この制度は，「子ども一人当たりの教育費相当額を教育切符（バウチャー）として保護者に配布し，保護者は子どもの通う学校を選択し，学校はその子どもたちの教育切符総数に応じて教育予算を配分されるというシステム」（藤田 2003，75頁）である．そして私立学校も含めた教育バウチャー制は，いわゆる社会的強者に有利に働く学校選択制である．また，これを公立学校に限定して考えてみても，競争原理に基づく学校選択制であることにはかわりはない．チャータースクールを除く学校選択制は，基本的に児童生徒や保護者について学校を選択する主体として位置づけており，学校を創っていく主体としては想定されていない．

（2）　ミネソタ州における教育改革とチャータースクール

　1980年代のミネソタ州は，当時の州知事パーピッチの強力なリーダーシップの下，結果に基づく学習，州内統一テスト，芸術系マグネット・スクール，教員の職能成長のための予算拡充，教育への手厚い予算，そして学校選択等の独自な教育改革を推進した．その改革の特徴は，教育成果を測定するが，同時に権限を教育現場に委譲し，教育現場からの教育改革を促進している点にある．それは多くの州が，中央集権的な教育改革を展開していた動向とは大きく異な

っていた．

　1989年1月にブッシュ大統領は，アメリカの教育改革のモデルとしてニューヨークのイースト・ハーレムとミネソタ州の学校選択制を教育改革のモデルであると言及した．それは，競争による教育改善ではなく，教育現場への権限委譲による教育改善の成功を意味していた．

　さらにミネソタ州では，1991年に学校選択制の1形態であるチャータースクール法を州議会においてアメリカで最も早く成立させた．チャータースクールとは「学区もしくはその他の（非）営利組織の認可を受けて学区から相対的に独立し，学校経営における自律性を保持すると同時に，各州によるチャータースクール法に基づき，教育諸目標を達成することを義務付けられ，アカウンタビリティを問われる認可契約更新型公立学校」(湯藤 2001, 31頁) である．

　ミネソタ州から始まったチャータースクール改革は，2009年4月時点において5000以上のチャータースクールが40州，およびワシントン特別区において開校されてきた．チャータースクールの特徴の1つは，「教師や保護者に対する自分たちが最も良いと信じる学校を創る起業的な機会」(Nathan 1996, 1頁) である．

　一般に理解されている学校選択制とは，日本の場合もそうであるが，学区や州レベル（日本の文脈では都道府県・市町村教育委員会レベル）において，すでに開校されている学校が選択の対象となり，そのなかから1つを選択するものと理解されている．しかし，チャータースクールの場合は，上記の通り，学校を新しく創りたいと考える人たちが学校を創り，その学校が選択の対象となる制度なのである．そこでは，教育現場への権限委譲が前提となっている．さらに，その起業が強いられないことも大きな特徴である．したがって，学校選択に巻き込まれたくない児童生徒や保護者は，影響を受けない．つまり，チャータースクールを創りたい人々，またはその運動に加わりたい人々は，自発的に加わることができる．しかし，その運動に加わりたくない人，あるいは興味はあるがすぐには加わりたくない人には時間的猶予が担保されているのである．

（３） 父母の学校参加による学校づくりを実現したチャータースクール

　既述したように，チャータースクールは学校選択制度の１形態であるため，一定数の児童生徒が獲得できなかった場合は，学校閉鎖を免れない．アメリカ全土ではすでに，12.5％にあたる657校のチャータースクールが閉校している．一方で，待機児童生徒数が1900人を超えるチャータースクールもある．その学校とは，ミネソタ州の郊外に位置するParents, Allied with Children and Teachers（以下PACT）である．以下では，PACTの実践事例から，競争原理を超えた学校づくりについて言及する．

　PACTは，当時ホームスクーリングを行っていた保護者が中心となって，教員とともに1994年に創った学校である．学校名が示すとおり，保護者が子ども，教師と連携する学校である．幼稚園から第８学年までの児童生徒を対象とした80名程度の小規模学校からスタートし，2009年度は第12学年までをカバーする550名を超えるチャータースクールとなっている．

　成功している要因の第１は，チャータースクールが学校選択制度の１形態であると同時に，その誕生が行政主導ではなく，真に主体的であることである．選択される側のチャータースクールが自分たちの状況に合わせて学校を開校することができるだけでなく，選択する側も，選択を強いられるのではなく，主体的な選択が可能となる．

　第２の成功要因は，父母の学校参加をPACTの最も重要な目標に掲げていることである．チャータースクールが，他の学校選択制と最も異なる点は，学校を「自分たち」で創ることができることである．PACTの場合，「自分たち」とはその多くが保護者であったことから，他の学校選択制度に対する批判となる，保護者＝消費者という図式を超えて，教師とともに学校を創る協働性が構築できたのである．

　第３に，PACTを外から支える支援体制が整備されていることを挙げることができる．逆に，既述した12.5％のチャータースクールが閉校した背景には，学区等の支援体制が十分でないことを挙げることができる．ミネソタ州の場合，

複数回のチャータースクール法の改正により，2008年度時点では公立・私立の大学などにも，学区と同様にチャータースクールを許認可できる権限が付与されている．これは，チャータースクールと許認可機関との関係性において，非常に大きな意味がある．つまり，学区以外の機関に同様の権限が付与されていれば，チャータースクールが学区の支援体制等に不満がある場合，それ以外の機関に許認可を求めることが可能となる．官僚的で硬直的であると批判される教育委員会制度の下で学区のみが許認可権限を有している場合，チャータースクールは伝統的な公立学校と同様に従属的な状況を免れない．

　ミネソタ州の場合，PACTの開校当時は学区と州教育当局がチャータースクールの許認可権限を有していた．したがって，PACTは，アノーカ・ヘネピン学区により許認可を受けて1994年9月に開校した．ミネソタ州の場合3年毎の契約更新が必要となる．PACTの場合，2回の契約更新を経て9年が過ぎようとした2002年度，当該学区がPACTとの契約を更新しない決定をした．理由は，PACTが開校当初と比較しておよそ7倍の児童生徒が在籍して，当該学区へ少なからず影響を与えていることなどが指摘されていた．PACT開校以来の最大の危機を脱出できたのは，ミネソタ州の場合，チャータースクールの許認可機関として大学等も含まれていたからである．PACTは，バスル大学（Bethel University）に許認可機関としての役割を依頼し，2009年6月現在，2回目の更新を経て，両者は現在も良好な関係を維持している．それが可能な最大の理由は，学校評価を軸とした同大学によるPACTへの教育支援である．一例を挙げれば，月1回開催されるPACTの学校委員会にも，同大学のスタッフが出席するなど，学校現場に直接に関わりながら，そして専門的見地からの助言は，PACTにとって欠かせない支援となっている．

（4）　日本における競争原理を超えた学校づくりの可能性

　学校選択制は競争原理に基づく「新自由主義的」な教育改革として一般に位置づけられている．しかし，黒崎は保護者の学校参加による学校選択制につい

て，アメリカの学校選択推進論者のレイウッドに依拠しながら，以下のように言及している．

「レイウッドがいうように家庭と学校の間の力のバランスが著しく学校寄りのものになっている現行の公立学校制度のなかで，専門家が教育の自由のみを強調することは，専門家の専制に親や生徒を従属させようとするものとなる．こうした個々の教師の専制の危険を教育委員会が統制し，教育の公共的利益を確保しようとすれば，公立学校は官僚化し，硬直化することになる．そして，親の学校の活動への直接の参加によって教育活動を統制することが教育の専門的自由を脅かす恐れがあるとすれば，学校選択の理念は専門的自由を強調するためのもっとも有力な提案ということができるのである」（黒崎 1994，81頁）．

既述したPACTの教育実践は，専門家としての教師の専門的自由を保障しながら，児童生徒・保護者のニーズをも満たしている．それは，手段としての学校選択が制度的に担保されて初めて実現した，主体的な学校づくりである．

一方，偏差値という一元的な尺度が学歴社会・学校化社会を形成してきた日本の学校教育では，学校選択制を導入した多くの自治体が苦慮しているように，学校間競争が起こっている．その結果として，いったん導入した学校選択制を廃止する自治体も出てきている．

これまでの日本では，教師が一方的に提供する知識をできるだけ詰め込むことを児童生徒は期待されてきた．そういった前提に立てば，学校の特色づくりは非常に難しい．なぜならば，学校の特色づくりは，教師のみが創っていくだけではなく，児童生徒や保護者も協働して，構築していく性質のものであり，そのような協働的な関係性を形成するためには，児童生徒の学びが受身ではなく，主体的でなければならないからである．

ところで，2006年12月に戦後59年ぶりに初めて改正された教育基本法第6条（学校教育）において「教育を受ける者が，（中略）自ら進んで学習に意欲を高めることを重視して行われなければならない」と明記されている．さらに2007年6月に改正された学校教育法では目標として「主体的に学習に取り組む態度を

養うことに，特に意を用いなければならない」と規定していることからも明らかなように，今後は，主体的な学びを保障していくことが学校教育において強く求められている．そのためには，児童生徒のニーズに対応した学校づくりが不可欠である．そしてチャータースクールがそうであるように，教育現場にカリキュラムや人事権等の権限が委譲される必要がある．

　ところで，本章のタイトルを「自己決定・自己責任と子ども」とした．その意図は以下のとおりである．学校選択制の下で，ある学校を選択するという自己決定を児童生徒，あるいは保護者が行った以上，自己責任の取り方は，あたかも消費者のごとく，苦情を言ったり，安易に別の学校を選択したりすることではない．自己決定をしたことに対して，児童生徒や保護者がどのように関わっていけば，自己責任をとることができるのかが問われていることを説明し，それが可能となる学校づくりの姿を提示したかったからである．

　現在グローバリズムが進行する日本において，少しずつだが，多様な尺度が着実に現れ始めている．多様な価値が混在する現代社会においては，多様な教育活動を保障していくことが求められ，そこでは，児童生徒や保護者の新たなニーズに対応せざるを得ない状況が続出している．そのような状況をむしろ積極的にとらえ直し，児童生徒や保護者とともに教師が学校を主体的に創っていく，そんな学校像がアメリカのチャータースクールの1つの姿であった．そしてその運動は，保護者や教師の主体的な挑戦から始まっていた．

　児童生徒や保護者の一人ひとりが有するニーズを表明しながら，学校づくりに主体的に関わっていくことによって，一元的な尺度の下での学校間競争ではなく，多様な尺度に基づく，各学校の特色づくりの促進が可能となるのである．

第4章 特別支援教育の現在

1 特別支援教育とは

(1) 特別支援教育の定義

　子どもの頃，学校で，算数や国語の時間になると別の教室で授業を受ける同級生がいた，授業中にじっと椅子に座っていることができず先生に注意される同級生がいた，車椅子に乗って生活をしている同級生がいたという経験のある人は，少なからずいるのではないだろうか．私たちの記憶の中の彼らは，いわゆる「特別な教育的支援」を必要とする子どもたちである．

　学校教育法第71条において，特別支援教育とは，特別支援学校において，視覚障害者，聴覚障害者，知的障害者，肢体不自由者又は病弱者（身体虚弱者）に対し，幼稚園・小学校・中学校・高等学校に準ずる教育を施すとともに，障害による学習上又は生活上の困難を克服し自立を図るために必要な知識・技能を授けること，と定義されている．同法では，小学校・中学校・高等学校・幼稚園において，知的障害者，肢体不自由者，身体虚弱者，弱視者，難聴者，その他障害のある者で，特別支援学級において教育を行うことが適当な者や，教育上特別の支援を必要とする児童・生徒・幼児に対し，障害による学習上又は生活上の困難を克服し自立を図るために必要な教育を行うこともまた，特別支援教育の定義に含まれている．

（2） 特別支援教育の歴史

　1992（平成4）年に文部省から発行された「学制百二十年史」によると，1878（明治11）年，京都に京都盲啞院が設立したことで日本の盲・聾教育が始まり，1906（明治39）年，東京に滝乃川学園が設立したことで日本の知的障害教育が始まった．しかし，この時点ではまだ，障害児や病児の就学は義務制ではなかった．戦後，これらの教育は「特殊教育」と呼ばれるようになり，1947（昭和22）年，ついに盲学校・聾学校への就学が義務制となった．1979（昭和54）年になると，「学校教育法中養護学校における就学義務及び養護学校の設置義務に関する部分の施行期日を定める政令」によって養護学校が義務化され，この頃から自閉症が情緒障害に位置づけられるようになり，特殊教育の対象となったのである．

　2001（平成13）年1月，21世紀の特殊教育の在り方に関する調査研究協力者会議によって発表された「21世紀の特殊教育の在り方について（最終報告）——一人一人のニーズに応じた特別な支援の在り方について——」の中で，従来までの「特殊教育」という名称が「特別支援教育」に変更された（図4-1）．このとき，同時に盲・聾・養護学校制度の見直しが行われ，障害種別を越えた学校制度を創設し，関係機関等と連携した支援を行うセンター的機能を兼ね備える計画が立案された．

　2007（平成19）年4月1日より，盲・聾・養護学校は「特別支援学校」に一本化され，各校で，自校が行う教育（視覚障害者，聴覚障害者，知的障害者，肢体不自由者，病弱者（身体虚弱者を含む）に対する教育）を明らかにすることとなった．各種学校への就学に関しては，従来は1962（昭和37）年に制定された就学規準を使用していた．しかし，2002（平成14）年4月にその大幅な見直しが行われ，障害の有無を問わず可能な限り統合教育を推進することが望ましいという考えの下，今日では，改正前の就学基準では盲・聾・養護学校への就学に該当した者も一般的な小学校や中学校への就学が可能となった．

第 4 章　特別支援教育の現在　49

「今後の特別支援教育の在り方について」（最終報告）及び対応した施策の概要

現状

障害の種類・程度等に応じて，盲・聾・養護学校，特殊学級等にて指導

盲・聾・養護学校
○児童生徒数（義務段階）
　H15　51,955人
○在籍率　H5 0.369%→
　H15 0.471%

特殊学級
○児童生徒数
　H15　85,933人
○在籍率　H5 0.507%→
　H15 0.779%

通級による指導
小・中学校の通常の学級に在籍している障害のある児童生徒がほとんどの授業を通常の学級で受けつつ障害の状態等に応じた特別の指導を特別な場で受ける教育形態
○児童生徒数
　H15　33,652人
○在籍率　H5 0.090%→
　H15 0.305%

通常の学級に在籍するLD, ADHD等の児童生徒
通常の学級に在籍するLD, ADHD等の児童生徒については，近年，指導上の課題とともに，二次障害や不登校等との関連も指摘されている．

教員の専門性
特殊教育免許状については，特殊学校で半数程度の保有率で専門性が十分とはいえない状況．
特殊学級担当教員など小・中学校における専門性の向上も課題．

児童生徒の変化
①特殊教育の対象となる児童生徒数の増加
　H5 0.965%→
　H15 1.555%
②児童生徒の障害の多様化，複雑化

より専門的な知識・経験の必要性
①学校外部の専門家・機関との連携
②個々の教員の専門的能力の強化

行財政の変化
①地方分権の進展
②規制緩和など行財政改革の推進

「今後の特別支援教育の在り方について」
（平成15年3月調査研究協力者会議・最終報告）

障害の程度等に応じ特別の場で指導を行う「特殊教育」から障害のある児童生徒一人一人の教育的ニーズに応じて適切な教育的支援を行う「特別支援教育」への転換を図る．

学校における特別支援教育体制の整備
○「個別の教育支援計画」の作成
障害のある子どもを生涯にわたって支援する観点から，関係者・機関の連携による適切な教育的支援を効果的に行うための計画
○特別支援教育コーディネーターの指名
校内及び関係者，関係機関との連絡調整あるいは保護者に対する学校の窓口を担う者
○特別支援教育に関する校内委員会の設置

教育委員会における体制の整備
○広域的な特別支援教育に関する連携協議会の仕組み
○専門家等による教育相談・巡回指導

特別支援教育に関する制度的な見直し
①盲・聾・養護学校制度の見直し
②小・中学校の特殊学級の在り方
③教員免許制度の見直しなど

「最終報告」に対応した取組
厚生労働省等とも連携しつつ，以下の施策等を推進

特別支援教育推進体制モデル事業
LD, ADHD, 高機能自閉症のある児童生徒を含む障害のある児童生徒に対する，関係機関と連携した総合的な教育支援体制の整備を図る
（平成15年度より47都道府県で実施中）

LD等ガイドライン
○「LD, ADHD, 高機能自閉症の児童生徒への教育支援体制整備のためのガイドライン（試案）」（H16年1月公表）
○「地域における相談支援体制の整備のためのガイドライン」（策定中）．

研究・研修
○独立行政法人国立特殊教育総合研究所における研究・研修等の充実
　・特別支援教育コーディネーター指導者養成研修
　・LD, ADHDや自閉症に関する研究　など
○都道府県における特別支援教育コーディネーター養成研修等の実施

制度的な見直しの検討

図4-1　「今後の特別支援教育の在り方について」（最終報告）及び対応した施策の概要

出典：文部科学省　特別支援教育の在り方に関する調査研究協力者会議（2003/03/28答申）より引用．
http://www.mext.go.jp/b_menu/shingi/chousa/shotou/018/toushin/030301.htm

（3） 特別支援教育の特徴

　特別支援教育の基本的な考え方は，障害のある児童生徒の自立や社会参加に向けて，一人ひとりの教育的ニーズに応じた適切な指導や支援を行うというものである．この理念のもと，特別支援教育では，特殊教育で行われてきた盲・聾・養護学校および特殊学級での教育に加え，特殊教育で対象外とされていた学習障害（LD：Learning Disability）や注意欠陥／多動性障害（ADHD：Attention-Deficit/Hyperactivity Disorder）等の通常の学級に在籍する特別な教育的支援を必要とする児童生徒への対応が含まれた．この点は，特別支援教育の最大の特徴といえる．

　一般に，学習障害（LD）や注意欠陥／多動性障害（AD/HD），高機能自閉症等をまとめて，軽度発達障害と呼ぶ（表 4-1）．軽度発達障害においては，知的発達の遅れはみられない，あるいは，みられたとしても軽度のものであることが多い．それにもかかわらず，集団生活が困難であったり，日常生活で人間関係を上手く築くことができなかったりするところが，この障害の特徴である．

表 4-1　軽度発達障害の特性と発現率

障害名	広汎性発達障害	注意欠陥多動性障害（AD/HD）	学習障害（LD）	軽度の知的障害	発達性協調運動障害
気づきやすい年齢	3歳までに認められる	7歳までに認められる	就学後	乳幼児期	就学前後
特　性	① 社会性の障害 ② コミュニケーションの障害 ③ 想像力の障害とそれに基づく行動の障害 ④ 感覚の過敏さ	① 多動性 ② 注意散漫 ③ 衝動性	① 読みの障害 ② 書きの障害 ③ 計算の障害	① 発達全般の遅れ ② 知能指数（IQ）が50〜70程度	粗大，微細な運動面の躓き 手と目，足などの複合的な協調運動の躓き
発現率	0.6〜1.2%	3〜10%	2〜10%	1〜2%	2〜6%
重なり合う障害	他の軽度発達障害，気分障害，てんかん　など	他の軽度発達障害，気分障害，チック，反抗挑戦性障害，行為障害　など	他の軽度発達障害　など	他の軽度発達障害，視聴覚障害　など	他の軽度発達障害　など

出典：田中康雄（2006）『軽度発達障害のある子のライフサイクルに合わせた理解と対応』p.14より抜粋．

以前は，軽度発達障害児に多く見られる自閉的傾向や多動傾向は保護者のしつけが悪いためだと見なされがちであった．しかし今日では，これらの行動は，保護者の養育態度や保育者あるいは教師の指導などの社会的な要因が引き起こすものではなく，先天的なものであるということが医学的に解明されてきた．2002（平成14）年に文部科学省が実施した「通常の学級に在籍する特別な教育的支援を必要とする児童生徒に関する全国実態調査（2003年3月28日答申）」によると，小学校ならびに中学校の通常学級において，学習障害や注意欠陥／多動性障害，高機能自閉症により学習や生活面で特別な教育的支援を必要としている児童・生徒が全体の約6％程度存在する可能性があることが明らかになった．つまり，40人学級であれば，1クラスあたり約2−3人の軽度発達障害児が在籍することになる．

特別支援教育への移行に伴い，各種特殊教育学校（盲学校，聾学校，養護学校など）に就学すべき子どもの障害の程度に関する基準の見直しや従来の障害の種別による学校制度を見直し，子どもへの就学指導の在り方の見直しが行われた．また，障害のある子どもとその保護者等に対する乳幼児期から学校卒業までの一貫した相談支援体制の整備の必要性等が提言された．さらに，障害の有無を問わず，可能な限り統合教育を推進することが望ましいことも提言された．これにより，学校教育は，従来までの分離教育から統合教育制度へ，その方向性を大きくシフトすることになったのである．

2 特別支援教育の現場

（1） 教室の現状を探る

特殊教育から特別支援教育に移行するにあたり，各種改訂や見直しが実施された．それに伴う2008（平成20）年3月の幼稚園教育要領の改訂では，従来は小学校就学後を主な対象としてきた特別支援教育の概念が，ようやく幼児教育のフィールドにも導入されることになった．昨今，学習障害（LD），注意欠

陥／多動性障害（AD/HD），高機能自閉症等（アスペルガーを含む）に関しては，早期発見・早期介入が重要と言われ，幼稚園や保育所の内外において研修会および勉強会が開かれることが多くなっている．その結果，以前に比べて保育者の意識は随分と変わってきた．しかし，せっかく早期に障害を発見し，介入を行っていたとしても，実際には，幼稚園・保育園と小学校との間の連携不足により，それらがなかなか小学校以上につながらない．これは，従来の特殊教育の範疇であった障害においても言えることであり，幼稚園・保育所と小学校間との連携不足の問題は，今後，早急に改善されなければならないであろう．

　そこで，本節では以後，普段はあまり脚光を浴びることが少ない幼児を対象に特別支援教育を考えていくことにする．今から紹介する3人の子どもたち（名前や名称は全て仮名）は，抱えている問題はそれぞれ異なるが，皆，特別な教育的支援の必要な子どもたちである．最近特に見聞きすることの多いアスペルガー症候群の事例（a），就学基準の改正により一般の小学校や中学校に就学するケースが増えている聴覚障害の事例（b），幼児において見落とされがちな病弱の事例（c）を，頭の中にそれぞれの子どものイメージを思い浮かべながら読んでいただきたい．

　　　（a）　ゆうくん（年長児）：ゆうくんは，毎朝，靴やカバンを自分で片付けることができ，挨拶もきちんとできます．先生や友達と，たくさん話をすることもできます．けれども，ゆうくんは，預かり保育のお昼寝の時間に全く寝ようとしません．それどころか，お昼寝の部屋にあるものを端から端までずっと「これはなに？」「このボタンはなに？」「これはなにに使うの？」「これは触っていいの？」と，先生に質問します．質問の途中に，先生が「お昼寝をしましょうね」と言ってゆうくんをお布団のところに連れて行こうとすると，ゆうくんは「うわー！」と叫んでその場で暴れたり泣き叫んだりします．

第4章　特別支援教育の現在　53

（b）　まーくんの場合（年長児）：まーくんは，後ろから呼んでも返事をしてくれません．まーくんを呼ぶときは，顔が見えるところに行って目を合わせるか，肩をポンと叩いてこちらに顔を向けてもらいます．まーくんは，いつも耳に機械を着けていて，先生と手を使って話をします．絵本の時間，絵本を読んでくれる先生とは別の先生が，まーくんの横で手を使って絵本の内容を伝えています．まーくんは，紙に自分の名前を書くのはとても上手ですが，口で名前を言うときは「あー」や「うー」しか言えません．けれども，クラスの皆はまーくんととても仲良しで，毎日一緒に，ヒーローごっこをして遊びます．

（c）　しょうちゃんの場合（年長児）：しょうちゃんは，体の中でおしっこがうまく作れない病気です．時々入院をして，長い間幼稚園を休むことがあります．昼食の時間，クラスの皆は給食を食べますが，しょうちゃんは，一人だけ家から持ってきたお弁当を食べます．その時，しょうちゃんはいつも周りの子どもたちに向いて「まずそうなご飯」と意地悪を言います．それから，しょうちゃんは皆と一緒に外で遊びません．いつも教室の中でお絵描きや折り紙をしていて，外遊びに出て行く子どもたちに向いて「外で遊んだりして変なの」と意地悪を言います．

　さて，この3人の子どもたちの事例を読んで，皆さんは，彼らの姿をイメージできただろうか．また，彼らの抱える生活上の困難を理解することができただろうか．身近に感じられる事例もあるが，一方で，少し戸惑うものもあるはずである．子どもたちの姿をイメージするために，まずは，障害の定義を知るところから始めてみよう．

（2）　それってどんな障害？
① アスペルガー症候群
（a）の事例のアスペルガー症候群とは，広汎性発達障害の1つであり，自閉

症スペクトラムと同義で用いられる用語である．広汎性発達障害は，社会性を中心とする発達障害の総称でもあり，中枢神経系に何らかの問題があることによって生じていることは明らかになっているが，決定的な原因の特定は未だなされていない．広汎性発達障害のうち，自閉症の特徴はあるが知的障害を伴わないものは高機能自閉症，知的障害や言語的な遅れを伴わないが他者とのコミュニケーションを図ることが困難であるものをアスペルガー症候群という．

そもそも自閉症とは，社会性の障害，コミュニケーションの障害，想像力の障害，の3つの特徴をもつ障害である．自閉症の人々は，人と上手くコミュニケーションがとれなかったり，興味や関心に偏りがあるためにこだわりが強かったり，何らかの行動パターンに執着するためにいつもと異なる状況に置かれるとパニックを起こしたりする．

自閉症スペクトラムの子どもに共通して見られる特徴は，「心の理論」が獲得されていない，もしくは，獲得されていたとしても十分ではないということである．心の理論とは，他者の気持ちを推測したり，他者が自分とは違う信念を持っていることを理解したりする機能のことで，通常は4歳頃までに獲得するとされている．また，これらの子どもたちは，外的情報の認知が健常児に比べて特異であることが明らかになっている．感覚が人よりも過敏であったり，特定の刺激にのみ注意が向いてしまったりと，意識的にそれを選択して行っているのではなく，無意識にそのようになってしまうようである．

② 聴覚障害

（b）の事例の聴覚障害とは，聴覚の構造や機能に異常があり，音が聞こえにくい状態や聞き分けにくい状態のことをいう．通常，聴力の程度により，軽度難聴，中度難聴，高度難聴，聾と分類されたり，軽度，中度，最重度と分類されたりする．一般的に，聴力の低下に関しては補聴器での症状改善が期待されるのだが，補聴器を使用しても改善が難しい場合や，聴力レベルは軽度障害であるにもかかわらず聞き分けレベルが重度障害よりも重い場合もあるため，教

育的には伝音性聴覚障害と感音性聴覚障害という分類を併用する．

　伝音性聴覚障害とは，外耳から内耳にいたる伝音器の損傷によって起こる難聴であり，健常者の聞き取ることができる範囲よりも大きな音でなければ音を聞き取ることが難しい．しかし，補聴器などで振動を増幅することでかなりの聴力を補うことができる．一方，感音性聴覚障害とは，内耳から中枢にいたる部位の損傷によって音の振動を電気的な信号に変換できずに起こる難聴であり，健常者の聞き取ることができる音の範囲を，上限・下限ともに狭くしたようなものである．そのため，振動を増幅するだけの補聴器を使用しても聴力を補うことはできない．しかし，実際，障害の程度が重度であっても全く何も聞こえないということはなく，教育を考える上では，保有する聴覚を活用することが重要なポイントとなる．

③ 病　弱

　(c)の事例の病弱とは，本来は医学用語ではなく制度的概念であり，2002（平成14）年改訂の学校教育法施行令によると「慢性の呼吸器疾患及び神経疾患，悪性新生物（悪性の腫瘍）その他の疾患の状態が継続して医療または生活規制を必要とする程度のもの」または「身体虚弱の状態が継続して生活規制を必要とするもの」と定義されている．ここでいう身体虚弱とは，病気になりやすく治りにくい，疲れやすい，アレルギーがある，肥満であるなどの，いわゆる体が弱い状態を指している．

　病弱の内訳は，かつては結核が主たる疾患であったが，今日では気管支喘息，ネフローゼ症候群などの腎臓疾患，進行性筋ジストロフィー症などの先天的疾患，肥満などが多い．また，糖尿病などの小児成人病，白血病などの悪性新生物疾患，不登校や摂食障害などの心身症もかなりの割合を占めており，病弱の定義は多岐に渡る．病児の場合，食事制限や運動制限のため，身体的発達に若干の遅れがみられることはあるが，発育や身体能力が劣るということはほとんどない．知的発達に関しても，活動の制約による経験不足や学習空白によって

同年代の児童・生徒と比べて知的レベルが低く現れることはあるが，知的障害があるというわけではない．

このように，特別支援教育の対象となる障害は，知的なものから身体の内面的なものまで非常に幅広い．そのため，各々のケースで独自の支援が必要である．ここからは，特別な教育的支援として，実際にどのような対応をすることが望ましいのか，子どもに対する具体的な支援方法を考えていくことにする．（ａ）-（ｃ）の事例の，前後の状況や周囲の人々の動きを詳しくみていこう．

（３）　対応例
① アスペルガー症候群
（ａ）の事例の場合，対象児が年中児のときの担任教諭（Ａ教諭）は，発達障害に関する知識をほとんど持っておらず，対象児のことを「問題児」と捉えていた．そのため，対象児に対して，また，その母親に対して適切な対応ができておらず，対象児の「問題行動」はますます顕著になり，頻繁にパニックを起こしていた．

ここでの問題は，Ａ教諭が発達障害に関する十分な知識を持っていなかったことにある．先述の通り，今日では，40人の子どもがいればそのうちの2-3人は軽度発達障害の可能性があるといっても過言ではない．教育に携わる以上，発達障害児との関わりはもはや避けては通れないので，ある程度の心構えと準備が必要である．発達障害のある子どもには，早期発見・早期介入が何よりも大切である．大人の判断が子どもの人生を左右することも十分に有り得るので，他人事と思わず，日頃から発達障害に関する基本的な知識や支援方法について学んでおく必要がある．

さて，対象児が年長児になると，担任教諭が交代した．新しい担任教諭（Ｂ教諭）は，以前に何度か発達障害児を受け持った経験があり，また，定期的に発達障害に関する勉強会に参加していることもあり，対象児が「問題児」では

ないことにすぐに気付いた．B教諭は，対象児のどのような行動がどのように気になるのかをまとめ，園のカンファレンスに提出した．全職員によって何度もカンファレンスを重ねた結果，園全体の見解として，対象児は単に問題児なのではなく「発達障害が疑われる子ども」という結論に辿り着いた．そして，その後，対象児はアスペルガー症候群と診断され，加配教諭がつくことになった．加配教諭が対象児に1対1でじっくりと関わることで，「質問」という形で表されていた対象児の抱える不安を取り除くことができ，パニックやその他の気になる行動は少しずつ減少していった．

　ここでのB教諭の対応は，非常に適切であったといえる．保育者として，現場において　それが"なぜ気になるのか"をきちんと語れることは，非常に重要である．また，園のカンファレンスを利用して，自分だけでなく他の教諭も対象児の行動が気になることを確認している点も非常に重要であろう．子どもの行動が"気になる―気にならない"は，見る人によって意見が分かれることが多い．複数の目で子どもを見ることや他者のフィルターを通して子どもを見ることは，障害の見落としの防止につながる．

　その一方で，複数の目で子どもを見ることは，何でも発達障害とする極端な見方の防止にもつながる．いわゆる「ちょっと気になる子」の場合，非常に動き回ることから注意欠陥/多動性障害（AD/HD）の可能性が疑われ，友だちをつねったり頻繁にいたずらをしたりすることから広汎性発達障害が疑われることが多いのだが，これらの「ちょっと気になる行動」は，障害によって生じているのではなく家庭環境によって生じていることもあるからだ．家庭において母親との安定した愛着関係が形成されていない，あるいは，親が子どもを十分にかまってあげられていない場合，子どもは親の気を引くためにわざと大人が気になる行動を繰り返すことがある．あるいは，しつけができていなくて悪気なくそのような行動を繰り返していたりすることもある．子どもの行動が気になるときは，先入観で障害と最初から決めてかかるのではなく，子どもの園での生活の様子だけでなく，家庭的背景や家庭での様子について情報収集してお

く必要がある．

② 聴覚障害

（b）の事例の場合，対象児は，幼稚園入園前から既に障害の診断を受けていたので，入園と同時に手話のできる加配教諭がついた．しかし，担任教諭は，対象児を加配教諭に任せきりにするのではなく自らも手話を学び，積極的に対象児とコミュニケーションを取ることを心がけた．そして，対象児に常に加配教諭がべったり付き添っている，というイメージの定着を防ぐため，加配教諭の支援の必要がない場面では，加配教諭もクラスの他の子どもたちと積極的に交流する方針でクラス運営を行った．その結果，対象児は特別扱いされているのではなく皆と一緒だ，ということをクラスの子どもたちに示すことができた．その後，対象児は同級生とともに地元の小学校へ進学した．

実際の教育現場では，加配教諭は対象児に付きっきりであることが多く，他児との密なやり取りが少ないのが現状だろう．もちろん，それが加配教諭の役割ではあるのだが，そのことで対象児が特異な存在に見られがちになることも多く，「あの子は○○だから……」とクラスの中で浮いた存在になるケースもしばしばある．これは，一次的障害（このケースでいえば聴覚障害）から派生する二次的障害（たとえば不安定な人間関係）といえる．一次的障害だけでなく，二次的障害に対しても適切な支援を行い，一般の幼稚園や小学校に在籍する障害児の安定した人間関係の形成や社会性の発達を援助することもまた，特別支援教育の重要な課題の1つであるといえる．

③ 病　弱

（c）の事例の子どもは，ネフローゼ症候群を患っている．対象児は，治療の一環として食事のコントロールを行っているためにクラスの皆と同じ給食を食べることができなかった．また，対象児も含めて，病児は運動制限があることが多く，そのような場面でもクラスの友だちと同じことができない経験をしている．さらに，病児の場合，対象児もそうであったように，症状が悪化すると，

しばらくの間幼稚園を休んで病院に入院しなければならならないこともある．

「皆と同じことができない」ことによって，子どもは非常にストレスを感じる．幼なければ幼ないほど，周囲と同じことができないことの「理由」を理解することは難しく，その状況を受け入れることは簡単ではない．対象児も，年長児とはいえまだ幼い子どもであり，自分は病気なので仕方がないと分かってはいても，皆と同じ給食が食べられないことや外で走り回れないことを受け入れることができなかった．その結果，苛立ちや劣等感，ひがみ，孤独感を人一倍感じるようになり，友だちの食べる給食に対して「不味そうなご飯」と言ってみたり，「外で遊んだりして変なの」と言ってみたりするようになったのではないだろうか．友だちへの意地悪な言葉の裏には，病児特有の，辛い日常経験からくる複雑な心境が隠されているのだ．

担任教諭は，対象児の複雑な心境を理解しつつも社会性の発達の遅れを懸念し，対象児の体調の良いときはできるだけクラスの皆と一緒に外で遊ぶことができるよう，全体遊びの内容を工夫した．たとえば，屋外での遊び場面において，追いかけっこ等の身体的負担が非常に大きいものではなく「けんけんぱ」や「砂場での協同遊び」あるいは「ごっこ遊び」など，激しい体の動きはないが友達としっかり関われる遊びを取り入れるよう心がけた．ごっこ遊びや集団遊びは，社会性の獲得に重要な役割を担うとともに，対象児が常日頃から感じている友達と一緒に遊べないストレスを解消することができる．

また，対象児が入院中，担任教諭は対象児が退院後の生活に戻ったときのことを考え，入院先病院の保育士と連携を図った．ここ数年，看護師や医師にはできない入院中の子どもの心のケアを行ったり，心身の正常な発達を促したりする目的で，病院内に保育士を配置する病院が増えている．医療現場における保育士の役割とは，子どもの生活に欠かせない「あそび」をもって子どもをサポートすることである．担任教諭は，対象児が入院中に他の子どもたちが園で行った制作活動を院内で保育士とともにできるよう配慮した．それによって，対象児が退院後に園に戻った時に感じる他児とのギャップを低減させることが

できるよう，間接的な援助を行ったのである．担任教諭と保育士の連携の積み重ねにより，対象児の友達への意地悪な言動は，卒園時には大幅に減少していた．

このように，病児に対する特別な教育的支援では，対象児が目の前にいるときの行動や気持ちの支援だけでなく，対象児が入院中の支援も考えていかなければならない．そのためには，園内の人材だけではなく，各方面の人材及び関係機関との連携が非常に重要であろう．

3 特別支援教育の充実に向けて

(1) 各関係機関との連携

最後に，特別支援教育の理念をいかに達成するかを考えていきたい．特別支援教育の成功の鍵は，関係者および関係機関の間の連携の強さにある．文部科学省は，2003（平成15）年度より「幼稚園における障害のある幼児の受け入れや指導に関する調査研究」を実施し，市町村単位で指定地域を定め，モデル事業を展開した（表4-2）．この調査研究は，文部科学省の特別支援教育課が実

表4-2　特別支援教育推進体制モデル事業の実施制

市町村名	滋賀県湖南市（旧甲西町）	島根県松江市
実施内容	特別な支援を要する子どもに対し，乳幼児から学校卒業まで，個のニーズに応じた一貫したサービスを提供するための発達支援システムを整備．巡回相談員や保護者との連携のもと，統一された様式の個別の指導計画が保・幼，中，高と各ライフステージで作成され，次へと引き継がれる．	全ての幼稚園に園内委員会とコーディネーターが設置され，個別の指導計画の作成を実施．さらに子どもをサポートする医療，保険・福祉，教育等の各期間が適切な支援を考えることができるよう，子どもの成長や教育相談・発達相談に関する記録，診断・検査結果などを保管するサポートファイルを作成するなど，幼稚園での取り組みが多方面に活用できるよう工夫が凝らされており，乳幼児からの一貫した支援の基盤が確立しつつある．

出典：松井剛太2007障害のある幼児の就学支援システムの構築，保育学研究，45, 191-198；藤井茂樹2005支援のニーズに応じた保健・福祉・教育・就労・医療の連携―教育現場・自治体・専門家による実践と提言―, 発達，26, ミネルヴァ書房，73-78；恩田仁志2005Ⅲ章就学支援編3―③　小学校・関係書記官との連携，無藤隆・神長美律子・拓植雅義・川村久（編著）幼児期におけるLD，ADHD・高機能自閉症等の指導―「気になる子」の保育と就学支援，東洋館出版，210-213.

施する「特別支援教育推進体制モデル事業」と連携して実施され，地域において乳幼児期から学校卒業後までの一貫した支援を具体化させるためのシステムモデルを構築することが目的であった．しかし，実際のところ，各関係機関と幼児教育との間の連携が強い地域はまだ少ない．地域における体系的な支援体制が整っていない状態で特別支援教育が幼児教育に導入されたとしても，その効果はあまり期待できない．

　そこで活躍するのが，特別支援教育コーディネーターである．特別支援教育コーディネーター（以下コーディネーター）とは，保護者や関係機関に対する学校の窓口としての役割，また，学校内の関係者や福祉，医療等の関係機関との連絡調整の役割を担うものである．特別支援教育における各方面とのコーディネートは，学校においては校務の1つとして行われている．コーディネーターの役割は，特別支援学校（旧称：盲・聾・養護学校）と小・中学校とで少し異なる．前者の学校においては，保護者や地域の関係機関などとの連絡調整を行うのに対し，後者の学校においては，学校内に校内委員会を立ち上げ，教育委員会で立ち上げる専門家チームや巡回相談員などとの連絡調整を行う．いずれの場合も，コーディネーターは，校内の関係者や医療，福祉等の関係機関との連絡調整，保護者との関係づくりを行わなければならない．

　これらの役割を担うコーディネーターの存在は，小学校への就学準備段階における各機関の連携においても不可欠である．松井（2007）は，障害をもつ子どもの小学校への就学支援として，サポートファイルを作成した．その中で，コーディネーターの主な役割は，アセスメントの実施協力，保育カンファレンスの進行役，サポートファイル作成の進行役の3点であるとし，アセスメントの実施協力には障害に関する専門性が必要となるため，障害のある幼児の保育経験がある保育者が適していること，サポートファイルの作成の進行役は，作成の手順の説明ができるものが担うこと，を明らかにした．

（2） 特別支援教育コーディネーターのこれから

　現在，特別支援教育コーディネーターは資格制にはなっておらず，特別支援学校勤務の現職の正規採用教諭から校長が指名・選出することになっている．しかし，コーディネーターに必要な資質・知識・技能の中で特に重要な項目であるカウンセリングマインド，アセスメントの技能，ファシリテーションの技能の3つは，いずれもかなり専門性が高く，少々の研修で身に付くようなものではない．現場では，上記の3つに対する十分な知識を持ち合わせていないために各関連機関との連携が上手くいかないケースもあるようである．

　極最近ではあるが，特別支援教育コーディネーターを養成する大学院のコースができるなど，コーディネーターの資質や知識，技能を高める動きが徐々に見られ始めている．近い将来，より専門性の高い特別支援教育コーディネーターが現場で活躍することが大いに期待される．

第 5 章　キレるおとな・キレる子ども

　最近，殺人事件，暴行事件などに関する話題が各種メディアでよくとりあげられている．2009年上半期に焦点を当てただけでも，高校生が同級生を殺害した事件，中学生が病弱な父親を自宅で殺害し，その後平静を保ったまま学校の授業に参加して結局は逮捕されたという事件のことが報道された．これら以外にも同様の事件はいくつか報道されているが，加害者を見ていると，それまで目立った非行歴がない場合がある．また，加害者自身，なぜそのような行為に及んだのかをあとから冷静になって考えると，「よく分からない」と回答する場合があるという．ある日ある瞬間，事件の加害者になったのである．

　しかし，このような事件の加害者は何も少年だけに限らない．たとえば，中央大学教授が元指導学生に殺害された事件の加害者は20代後半，東京の八王子駅構内の書店で女性2名を殺傷した事件の加害者は30代前半であった．また，大分県で起きた家族（妻，同居の息子夫婦，孫）殺害事件の加害者は70代後半の老人であった（AERA 2008）．

　これ以外にも，新聞記事をピックアップし，「病院での診療の際，待ち時間が長いことに腹を立てて（いきなり）壁を蹴った」「病院スタッフに暴言を吐いた」という事例を報告したものも見られる（香山 2008）．ちなみに，香山の報告事例の場合，加害者はすべて「おとな」であった．

　これらの事件に関与した加害者の心理状態を言葉にするとどのような表現が適切であろうか．色々な言葉が当てはまるだろうが，その1つとして「キレた」状態であったことが考えられる．

　本章ではこの「キレる」という言葉に焦点を当て，「キレる」の定義や具体

的な行動の例，「キレる」原因などについて紹介する．ただし，特定の年齢層だけを対象にするのではなく，「おとな」「子ども」の双方に焦点を当てて解説を加える．また，今後教育者を目指す者として（あるいは一人の人間として），「キレるおとな」や「キレる子ども」に対応するにあたって大切なことについても触れる．

1　「キレる」とは

第1節では，「キレる」という言葉の定義や具体的な行動の例に加え，「キレる」が持つ特徴，「キレる」目的，「キレる」メカニズムについて紹介する．

（1）「キレる」の定義

「キレる」という言葉についてはいくつかの定義が見られる．たとえば滝(2003)は，「突然に攻撃的な行動を起こすことに対して用いられている俗語」，田中(2006)は「感情のコントロールがきかず爆発させて衝動的な行動をすること」であると述べている．表現の違いはあるが，何からのきっかけで生じる衝撃的な（あるいは突然の）攻撃行動を指す点では共通している．なお，宮下(2002)は各種の定義やキレる原因となることがらについても考慮した上で，「心理的・器質的要因などに基づいて生じる，比較的強い否定的な感情の喚起，表出を伴う攻撃行動」と定義している．

ところで，「キレる」という言葉について，滝(2003)は，中学生による女性教諭刺殺事件(1998年)が発生した頃からマスコミで頻繁に使われるようになったことを指摘した．また，この言葉の意味についても解説を加えており，かつて子どもが用いていた「頭にくる」という言葉とほぼ同じ意味であると述べている．

（2）「キレる」に含まれる行動の例

「キレる」に含まれる行動について，いくつかの例が示されている．たとえば井上（2007）は子どもに焦点を当て，「相手の気持ちを考えずに行動してしまう」「思い通りにならないことに直面したときに八つ当たりをしてしまう」「注意されるとその相手に対して暴力をふるってしまう」「集団ゲームで負けると原因となった子どもを罵倒する」などを挙げている．また，田中（2006）も子どもに焦点を当てた上で，「突然怒りだす」「先生や周囲の子どもに言いがかりをつける」「物を投げたり，教室の壁などを蹴る」「先生や友達に殴りかかる」「暴言を吐く」「刃物などを振り上げる」「カメラを割る」「自分の頭を壁に強くぶつけるなど自傷行為に及ぶ」などを挙げている．さらに，毎日新聞（2009）は小学生の事例をとりあげ，教室内で友達と言い合いになった子どもが相手に向かって机を投げ飛ばしたことを紹介している．ちなみに，机を投げた本人は，相手が机に当たって痛がる姿を見たときにキョトンとしたという．

一方，おとなに関する事例も紹介されている．香山（2008）は新聞記事に着目し，「言葉遣いが気に入らないという理由で，患者が看護師に花瓶を投げつけた」「すぐに診療を受けられなかった患者の家族が，『待ち時間が長い』と腹を立てて壁を蹴った」「（列車が遅れていることなどへの腹立てから）駅員への暴力を働き，駅員に肋骨を折る怪我を負わせた」などの事例を紹介した．また，毎日新聞（2007）は列車内での事例をとりあげ，終着駅に到着した列車の中で眠り込んでいた乗客に対し，乗務員が「終着駅ですよ」と声をかけただけで客に殴られたことを報告した．さらに，読売新聞（2008）の記事では，68歳の男性がスーパーの入り口の路上にミニバイクを止めようとした58歳の男に注意したところ，「ほかにも止めているやないか！」と肩を突き飛ばされて転倒し，頭を打って死亡したことが紹介された．

こうした事例以外にも，子どもの保護者に関する話題が見られる．読売新聞（2009）の記事では，娘が教師から服装の乱れなどを注意されたことに保護者が腹を立てて中学校に乗り込み，生徒指導担当の男性教諭を突き飛ばして暴行を

加えた容疑で逮捕された事件のことがとりあげられた．

（3）「キレる」が持つ特徴
「キレる」という言葉が「頭にくる」などと同等の意味で使われていることについては先に述べたが，頭にきた生徒が教師あるいは親に暴力をふるう（あるいは親が子どもに暴力をふるう）ことはこれまでにも見られた現象である．それにもかかわらず，近年「キレる」という言葉がよく聞かれるようになった．その理由として，「キレる」という状態特有の現象が挙げられる．それは，暴力を振るうにせよ，暴言を吐くにせよ，「『いきなり』あるいは『突然』起こる」という点である．実際，これといった理由もなく突然キレる場合があることの指摘も見られる（宮下 2002）．あるいは，キレた本人の中には理由があっても周囲は「理由」にあたる部分を見出せない，理由は理解できても行動が行き過ぎている，本人が行動を制御できない，といった場合もあり，こうした場合にも「キレる」と表現している（滝 2003）．

（4）「キレる」目的
「キレる」目的についてもいくつかの指摘がなされている．宮下（2002）は青少年に焦点を当て，「教師に対する嫌がらせ」（教師やおとなへの反抗の形態の1つ）が目的の1つであると述べている．しかし，近年では「たいした理由も目的もなく，ちょっとしたことから短絡的に暴走するケースが年々増加している」傾向があることについても触れている．また，香山（2008）はおとなに焦点を当て，たとえば電車の中で相手がぶつかってくるなどの出来事があった場合に「あくまでも自分の怒りを伝える」「相手から謝罪を引き出す」ことを目的としてキレる場合があると述べている．

（5） キレるメカニズム
水島（2007）は，人間のコミュニケーションの流れと「キレる」の関係を図

5-1のようにまとめ，キレる状態に至るまでのメカニズムについて解説を加えている．

　人間は多種多様な存在であり，好み，価値観などは各々で異なる．そのような他者どうしが話し合えば意見の不一致が生じる場合があるし，ときには怒りや不快を感じることもあろう．そんなとき，感じた怒りや不快を言葉で表現してそれらを解決できるよう交渉する，誤解がある場合は誤解を解く，価値観の相違に基づいて意見が異なる場合は価値観の違いを確認しあって互いに理解や妥協をする，といったことができれば怒りや不快は解決する（第1経路）．ところが現実には，怒りや不快を感じてもそれを表現できない場合がある．表現できずに沈黙してしまうと怒りは解決されることなく蓄積される．このような事態が繰り返し起こることで怒りはさらに蓄積され，いつキレてもおかしくない一触即発の状態に陥る．水島はこの状態を「前ギレ状態」と呼んでいる．そしてひとたび「前ギレ状態」に陥るとちょっとした刺激が加わるだけで簡単にキ

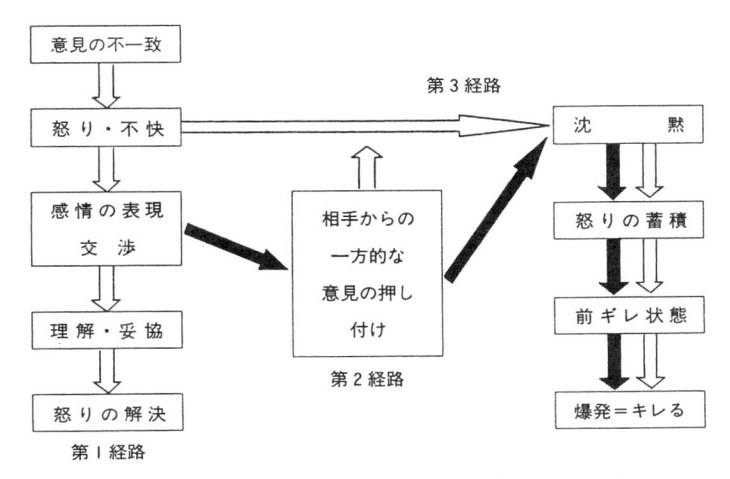

図5-1　コミュニケーションの流れと「キレる」の関係
出典：水島（2007）．

レてしまうという．この状態を周囲から見ると，あまりにも小さな刺激でキレるため，「普通の子が突然キレた」と不気味に思われることになるという（第3経路）．

これ以外にも，怒りや不快を表現して交渉を試みようとしたものの，「子どものくせに生意気だ」「子どもはそんなことを考えなくてよい」といった形で一方的な意見を押し付けられて黙り込まされてしまう場合についても触れ，このような場合にも怒りが蓄積されて「前ギレ状態」に至り，キレてしまうことがあるという（第2経路）．また，第2経路をくりかえし経験した人は「怒りを表現してもどうせ聞いてもらえないだろう」と思うようになり，次第に第3経路をとるようになっていくことについても述べている．

2　「キレる」原因

第2節では，人々が「キレる」状態に陥る原因について，主に4つの観点にまとめて紹介する．

（1）　自分自身に係わることがら

自分自身に係わることがらとして，個人のパーソナリティの特徴に関する記述が見られる．山下（2009）はキレて児童虐待に至った母親の事例を紹介し，パーソナリティの特徴として，「未熟である」「衝動的である」「『完璧な母』でありたいと思う」「子どもをコントロールしたいと考えている」などを挙げている．岩崎（2007）は子どものパーソナリティに焦点を当て，「些細なことで我慢できない」「攻撃性が認められる」「不満を抱えこんでいる」といった特徴がキレる行動を生み出す原因になっていることを指摘した．また，キレやすい子どもの7割が「些細なことで我慢できない」という特徴を有する点にも触れている．これらに加え，岡本（2002）は，我が国の子どもが他国の子どもに比べて肯定的な将来イメージを持っていないこと，自分自身に対する評価が低く自

信がないという非常に否定的あるいは悲観的な自己イメージを持っている傾向があることに触れ，これらの特徴が「前ギレ状態」の背景にあることを述べている．

（2） 生活環境に係わることがら
① 家庭に係わることがら
　キレる状態に陥る原因は他にも存在する．中でも生活環境に係わることがらは実に多様であることから，家庭に係わることがら，人間関係に係わることがら，情報化社会に係わることがら，生活習慣や食生活に係わることがらに分けて紹介する．

　まずは家庭に係わることがらを挙げる．宮下（2002）は子どもたちがキレる原因として，子どもたちの生活経験の極端な不足による人間関係の希薄化，規範意識や自己抑制力の育成の不十分さ，家庭生活や学校生活における過度のストレスを挙げている．また，田中（2006）は「家庭での不適切な養育態度（たとえば『過度の統制』『養育不全』『放任』『過保護』『過干渉』など）」「家庭内での緊張関係（たとえば『離婚』『父不在』『夫婦不仲』・『家庭の貧困』）」，「家庭内での暴力・体罰」「友人関係の問題（たとえば『孤立』）」を挙げた上で，特に家庭での養育態度のもたらす問題が原因の大半を占めることを指摘した．

　こうした問題の背景の1つには「少子化」が挙げられる．子どもの数が減少すると，家庭内で親が1人の子どもに関わる時間や頻度は格段に増加する．その結果，子どもが自分自身で過ごす時間が減少する一方で，親に手をかけられて育てられることになり，それが「過度の統制」「過保護」「過干渉」などにつながる場合もあろう．

② 人間関係に係わることがら
　少子化に加え，核家族化，年少者の誘拐事件をはじめとした犯罪の増加，テレビゲームの普及などもあいまって，子ども同士が外で身体ごとぶつかって遊

ぶ機会や環境が減少している．このことは，子ども同士が「遊ぶ」という行為そのものの減少のみならず，遊びの中で生じるいざこざを経験する機会の減少にもつながる．いざこざを経験する機会が減ると，互いに話し合うなどして良好な人間関係を上手に築く機会も減るため，人間関係をうまく構築する術を学ぶ機会も減少する．結果として人間関係の希薄化といった現象を生み出すことにもなり，「相手とどう接したら良いかが分からない」場合も出てくる．そして，たとえば教室で友達と言い合いになった場合であっても，お互い話し合って解決するのではなく，キレていきなり机やイスを投げつける，といった形になる場合もあろう．

　また，おとなも含めて考えてみると，人間関係が希薄な環境では他の人とのコミュニケーションを上手く行う機会が得られず，人々は心理的に孤立することにもなる．そして，心理的に孤立することにより，何か他者ともめごとがあった場合にその事態にうまく対処することができず，結果的にキレる場合もあろう．中央大学での教授殺害事件（犯人は元指導生）の加害者はコミュニケーションが苦手であったと言われており，自室から出てきたノートには「人とうまく付き合いたい」という気持ちを自ら綴っていたとも言われている（AERA 2009）．

③ 情報化社会に係わることがら

　我々の日常生活にとって各種メディアは欠かせないものである．とりわけテレビは多くの家庭に普及しており，日常生活には欠かせないものであると言えよう．そんなテレビの番組や内容の中にも「キレる」原因となるものが存在すると言われている．たとえば，暴力映像の視聴と攻撃性との間に何らかの関係があるというものである．また，最近ではインターネットを通じた画像配信が盛んに行われるようになったが，そうした画像の中，あるいは近年普及しているテレビゲームなどの中にも暴力シーンを含むものが見られる．

　これらに加え，「キレる」ことに係わる話題がニュースや報道特集で取り上

げられており，こうした話題に触れることが「キレ」の原因になる場合もあろう．

さらに，テレビなどのメディアとの接触時間とキレる傾向との関係についての指摘もなされている．山田（2005）は国内の小学生を対象とした調査の結果を基に，各種メディアとの接触時間が長いほど「我慢強さ」が低くなること，「よくムカツク」割合が高くなること，「人や物を殴ったり叩いたりしたくなる」傾向が高くなることを挙げ，これらの結果から「すぐキレる」傾向が高くなることを示している．

これら以外のことがらとしては，インターネットの急速な普及による影響も無視できない．インターネットの普及により，世の中には様々な情報があふれるようになったと同時に，パソコンや携帯電話さえあれば苦労しなくても多くの情報が効率的に，かつ瞬時に入手できるようになった．しかし，このことで物事を効率良く，かつ早く行うことが常に求められるようになり，結果として人々がストレスを感じてキレる行動につながる場合も出てくるだろう．

④ 生活習慣の変化による影響

読売新聞（2007a）は子どもの生活習慣（特に睡眠）に焦点を当て，夜更かしをして朝寝坊する子どもたちのセロトニン（神経伝達物質）の働きが低いことを指摘した．セロトニンは感情をコントロールし，脳を育てるのに重要な働きをしているという．そしてこの物質の働きが低いとキレやすかったり不安になったり，うつになりやすいことが報告されている．記事では子どものことがとりあげられていたが，神経伝達物質の働きについてはおとなの場合でもほぼ同様であると推測される．

⑤ 食生活の変化による影響

食生活の変化との関連を指摘する声もある．柏崎（2008）は，「キレる」について「理性の働きを超えて情動が何らかの刺激によりコントロール不能に陥った状態」であると述べており，その原因の1つとして血糖値の低下を挙げてい

る．血糖値（血液中のブドウ糖の濃度）が低下することにより，脳全体として理性や知性，情動などの機能が不釣り合いになり，キレる症状を生み出すことがあるという．そして，たとえば怒り出すと止まらない，「キレて」物を壊す行動が始まると止まらない，といった状態につながるという．また，キレて激しく暴言を吐いた自分の行動が刺激となって興奮が倍加し，また「キレる」場合もあるという．なお，血糖値低下の原因として，白砂糖・精選小麦粉など精製炭水化物の過剰摂取，過食，脂肪摂取の過剰（スナック菓子の大量摂取など），不規則な食生活（朝食の欠食など），アルコール・タバコ・コーヒー・カフェインを含む清涼飲料の過剰摂取，ビタミンやミネラルの摂取不足などを挙げている．

（3） 社会の変化に係わることがら

　香山（2008）は社会の変化がもたらした影響について触れている．香山によると，格差の広がり，成果主義の導入による社員どうしの競争の激化により，かつてあった社会の均質幻想が崩れ，我々は「誰もが私とは異質な他人」と感じながら生きているという．そして，異質な他人どうしで作る社会では，黙っていては自分が負けたり損をしたりするからこそ，少しでも目につくことがあれば容赦なく注意や抗議を行い，それがついには攻撃まで発展してしまうのではないかと述べている．また，自己実現欲求が満たされないままに自分に対する疑問や不本意さがつのった結果，自己中心的な振る舞いをしている人たちの行動がこれまで以上に目につき，許しがたいものとして映り，それが暴力行為に高じる場合があることについても述べている．さらには「こうなりたかったのにできなかった」という形で頓挫した自己実現エネルギーがそのまま暴力に向かう，といったことについても述べている．

（4） 病理的問題に係わることがら

　これまでとりあげたことに加え，キレる本人が抱えている何らかの病理的問題への着目も見られる．一円（2002）は青少年のキレについて，稀に病理的な

問題によって起こる場合もあることを述べ，たとえば統合失調症が疑われるもの，人格障害が疑われるもの，心的外傷後ストレス障害（PTSD）や解離性障害が疑われるもの，アスペルガー障害や注意欠陥多動性障害（AD/HD）といった発達障害が疑われるものなどを挙げている．

このうち発達障害が疑われる場合をもう少し細かく見ていく．発達障害とは「発達期（おおむね18歳）までに，中枢神経系の何からの異常によって，認知，言語，社会性および運動などの機能の獲得に困難が見られる状態」と定義されており，たとえばアスペルガー障害や注意欠陥多動性障害などが含まれる．アスペルガー障害とは自閉性障害の1種で，①人とのかかわり方の障害（「目の前の人に，顔の表情や身振りなどで自分の考えを伝えることができない」「集団行動をすることができない」），②コミュニケーションの障害（「話し言葉の発達が遅れている」「言葉が出たとしても，人との会話が成り立たない」），③行動や興味の狭さの障害（「1つのことをくりかえす」「少しの変化も苦手」「特定の音や身体刺激などに過剰に反応することがある」）などの自閉性障害の特徴のうち，知的障害を抱えておらず，かつコミュニケーションに大きな問題が見られないもののことを言う．言葉のやりとりがある程度可能なことから周囲からは気づかれにくい場合があるが，集団行動が苦手であったり，あるいは相手から冗談で「アホ」と言われた際に（中枢神経系の何らかの異常によって文脈の理解が困難なので）自身を侮辱するメッセージであると受け取り，相手に暴力をふるったり暴言を吐くといったケースが見られる．

また，注意欠陥多動性障害（忘れ物が多い，落ち着きがない，順番を待つことが難しいなど，「不注意」・「多動性」・「衝動性」といった傾向が7歳までに見られるもの）の場合にも，たとえば障害を抱えたA児が教室の席で消しゴムを使おうと周囲を探していたところ，たまたま横の席にいたB児の消しゴムが目についたため，それを自分の手にとり，使い終わったらそのまま自分の筆箱にしまう，といったケースが見られる（A児自身は他者のものを勝手にとったという認識はない）．すると，B児はA児がなぜ自分の消しゴムを勝手にとったのかが分からないため，A児

に対して文句を言うことがあるだろう．しかしA児は自身がB児の消しゴムを勝手にとったとは気づいておらず，B児に「文句を言われた」部分だけを覚えているがゆえに，頭にきて，B児に暴力を振るったり暴言を吐くといったケースが考えられる．

3 キレるおとな・キレる子どもへの対応

第2節までに述べたように，近年は「キレる」という現象が大きな社会問題の1つになっている．しかし，教育者として，また1人の人間として，私たちは，キレるおとな，キレる子どもに対応することが求められる．そこで，本節ではキレるおとなや子どもに対応する上で大切なことがらを取り上げる．

（1） 傾聴や受容の大切さ
対応の第1段階として「『傾聴』や『受容』の大切さ」を挙げる．

「キレる」原因について第2節で紹介したが，その多くはコミュニケーションがうまく機能しなかったことによって生じている．すなわち，伝えたい内容がうまく伝わらず，たとえばそのときの話し口調や態度などについて相手から指摘を受けてしまい，その結果当の本人は怒りを感じてキレる場合がある．

このような場合，本人は冷静さを失っている．そこでまずは，本人自身が落ち着きを取り戻し，何を伝えようとしているのかに気付く必要がある．同時に，相手側もメッセージの内容あるいは意図を理解することが求められる．その際に大切なことが，「『傾聴』や『受容』の大切さ」である．

「傾聴」も「受容」もカウンセリングの過程に出てくる用語であるが，本章でいえば，傾聴とはまずは本人の話に真剣に耳を傾けることを指す．場合によっては，相手側が話にあいづちを打つ，話の内容を繰り返すといった行為を伴うこともある．そのことで，本人は「自分の話を聴いてもらえた」という安心感を得ることができ，自身が訴えようとしているメッセージが何であるかを冷

静に見つめることが可能になる．ただし，そのためには，相手側がこの本人の話に真剣に耳を傾ける必要があることに加え，内容がどのようなものであれ，まずは本人の話を十分に受け入れることも大切である（『受容』の大切さ）．また，ただ「耳を傾ける」「受け入れる」だけでなく，同時に本人の話の中の分かる部分と分からない部分を把握し，分からないところは後から尋ねることが必要な場合もある．

（2） 連携を図りながらの対応

　傾聴や受容は対応の第1段階として重要である．しかし，たとえば学校で児童生徒がキレて机を投げた，保護者が自分の子どもの指導についてキレてクレームを申し立てたといったような事態に対応する場合には，校内の教職員が一丸となって対応することが求められる．連携を図って対応することで複数の教職員が当事者（児童生徒や保護者）の訴えの内容を検討するので，内容の本質が把握しやすくなる．それだけでなく，直接当事者と向き合う教職員自身が冷静に問題に対応することも可能になる．しかし，わが子に対する教師の生徒指導に腹を立てて保護者が学校に乗り込んできた上に教師に暴力をふるう，といったような，いわば教職員の生命が脅かされるような事態であれば，学校内のみならず警察とも連携を図りながら問題に対応するなど，臨機応変な対応も必要である．

（3） セカンドステップ

　「キレ」への対策として，学校教育を中心に最近導入されているプログラムの1つが「セカンドステップ」である．NPO法人日本こどものための委員会(2005)・読売新聞(2007b)によると，セカンドステップとは米国ワシントン州にあるNPO法人 Committee for Children が「子どもが加害者にならないためのプログラム」として開発したもので，「相互の理解」（自分の気持ちを表現し，相手の気持ちに共感して，お互いに理解し合い，思いやりのある関係をつくること），「問

題の解決」（困難な状況に前向きに取り組み，問題を解決する力を養って，円滑な関係をつくること），「怒りの扱い」（怒りの感情を自覚し，自分でコントロールする力を養い，建設的に解決する関係をつくること）の3つの部分から成り立っている．対人関係能力や問題解決能力を「増加」させることを目的に開発されたプログラムであるとも言えよう．日本でも東京や栃木の小学校で導入事例があり，自分や他人の感情を理解して怒りを抑えるという点での効果を指摘する声もある．本プログラム導入の是非については今後の議論を待つ必要があるが，少なくとも人間関係形成能力や問題解決能力の育成については意識しておくべきことかも知れない．

　本章では「キレる」について，その原因，対応などをいくつか紹介してきた．しかし，ここでとりあげたことはほんの1例に過ぎない．他にどのような原因が考えられるか，どのような対応が可能であるかなどを皆さん自身でも考えていただければ幸いである．

第6章　「学校の怪談」に見る仲間集団

1　仲間集団研究へのアプローチ──メディアに描かれた仲間集団

（1）クラスの仲間という物語

　学校では，科目の勉強の他に，仲間との人間関係の構築が重要視されることがある．このような発想には，クラスの仲間で力を合わせ様々な課題を乗り越えていくという「理想的」な学級のあり方が根底にある．そのため，教師たちは楽しい行事などを企画し，クラスの子どもたちがそれに向かって協力し，仲間集団として結束していけるようサポートしていく．みんな仲良く力を合わせて物事に取り組むよう，様々な方面から支援される，こうしたクラスの仲間集団のあり方は「生活共同体」とみなされているのである．

　しかし，このごくあたりまえのクラスの風景は，必ずしも普遍的なものではない．というのも，クラスの仲間集団の情緒的な結束が学校教育の1つとして位置づけられることは，本来的に意図されたものではないからである．つまり，そもそも学級は，経済的な理由から，多くの子どもたちを効率よく教育していくために考案されたものにすぎない．

　このような学級に対する人々のまなざしを歴史的に分析した高橋（1997）は，「学級は"生活共同体"である」という言説の成立過程を提示している．それによれば，教授を効率的に行うための便宜として生み出された学級制は，大正末期から昭和初期にかけて個別教育以上の結果をもたらすものとして肯定的な評価がなされるようになった．さらに，昭和30 - 40年代には全国生活指導研究

会（全生研）の手によって「学級は『生活共同体』でなければならない」という大きな教育言説が形成されたという．

ところが，昭和50年前後を境として全生研の「学級集団づくり」論に対する批判が登場してくる．たとえば片岡（1975）は，個を見落としたこれまでの「集団主義教育」を批判し，「個人の個性や自由，さらには多様な価値観」の保証を訴えた．しかし，高橋（1997）も指摘するように，この議論においても「個を生かす」とはあるものの「集団づくり」を志向するものであり，「学級は『生活共同体』でなければならない」という言説を批判するものではないのである．

このように，「学級は"生活共同体"である」という言説は，個別教育と折衷，共存しながら戦前，戦後を通して現在にいたるまで連綿と語り継がれているのである．ところが，近年，この言説もゆらぎ始めてきている．森田・清水（1994）は，日本型社会の未成熟な「私事化」に「いじめ」の原因を求め，高橋（1997）はそれに依拠しながら，「学級＝生活共同体」と子どもたちの価値観や行動様式の変容との間の齟齬として「いじめ」や「不登校」を見据えている．とくに，現代の「学級＝生活共同体」言説は様々な個性をもつ子どもたちが仲良く過ごすことが強調される傾向にあり，そうした「学級＝生活共同体」のあり方は，現代社会と合わなくなりつつあることが示されているといえよう．

しかし，以上のような先行研究では，これまでの近代教育のあり方に危険性があろうことは指摘されていても，「仲良く手を取り合うクラスの仲間」という言説がいかに子どもたちを拘束し，ネガティブな結果をもたらしているかという実践場面への視点が見落とされている．そこで「仲良く手を取り合うクラスの仲間」という日本の近代教育における言説と，そのなかで生きる現代の子どもたちとの関連を明らかにする必要があろう．あたりまえの光景である，クラスの仲間たちが仲良く協力し合い，成長していく物語は，子どもたちをいかにして危機に直面させているのであろうか．

（2）「学校の怪談」マンガを分析する意義

　以上のような問題関心をふまえ，本章では「学校の怪談」をめぐる仲間集団を取り上げよう．「学校の怪談」は，古くから子どもたちの間で脈々と語られ続けていたものだが，1990年代初頭に常光（1993）によって収集，発表されたことで，広く知られるようになった．

　山田（2005）は「学校の怪談」をめぐる子どもたちの活動を「社交」と指摘する．つまり，「学校の怪談」は子どもの仲間集団をつなぐ子ども独自の文化として捉えることができよう．その内容にはいじめや自殺などの「教育病理」問題が含まれていることが多く，子どもの抱える問題と「学校の怪談」には密接な関係があることがうかがえる．これらのことから，「学校の怪談」が子どもたちの間でいかに語られているかを分析することで，学校における仲間集団の負の側面を含めた活動の一端を垣間見ることができると考えられる．

　「学校の怪談」に関する研究は多くはないが，これまで常光（1993）や一柳（2005, 2006）などに代表されるように民俗学や文学で行われてきた．常光（1993）は「学校の怪談」の発生を学校という制度がもたらす抑圧を解消する「文化装置」と指摘し，一柳（2005, 2006）は現代の教育制度における個性尊重教育と管理教育の矛盾が表出したものであると言う．

　これらの研究は「学校の怪談」と教育制度との関係を指摘した点で非常に示唆的であるが，その反面「学校の怪談」が語られるミクロな視点を見落としている．先にも述べたように「学校の怪談」は子どもたちの間で語られる「社交」の側面を持つ．この子ども同士の相互作用というミクロな視点から分析することで，学校の制度のなかで生きる子どもの仲間集団の間で，「学校の怪談」がいかなる意味を持っているか明らかにできよう．

　しかし，「学校の怪談」は自然発生的に突如として特定の仲間集団によって語られる．そのため，その語りの現場に遭遇することは困難である．そこで，注目するのは「学校の怪談」を題材としたマンガである．マンガは多くの場合フィクションであり，そこに描かれる仲間集団も擬似的なものであろう．しか

し，そうした物語の中にリアリティがあるからこそ，それらは多くの人々に読み継がれている．

フィスク（1996）はリアリズムの本質を物語の内容ではなく「容易に理解されうる形式」(37頁) の中で作られるものとする．すなわち「学校の怪談」の内容ではなく「妖怪」の出現場所や，それらが出現した時の子どもや教師たちの反応という形式にリアリティが感じられるのである．このため，そこには現実の読者たちの心性が反映されているといえよう．

そこで，「学校の怪談」マンガに描かれた仲間集団の相互作用に焦点をあて，「仲良く手を取り合うクラスの仲間」という近代教育の負の側面を捉えてみたい．

（３）『地獄先生ぬ〜べ〜』の概要

ここで扱う「学校の怪談」マンガは真倉翔（作）・岡野剛（画）による『地獄先生ぬ〜べ〜』（以下『ぬ〜べ〜』）である．『ぬ〜べ〜』は「週刊少年ジャンプ」に1993年から1999年まで連載された人気作品である．この1993年は，常光徹を契機とした「学校の怪談」ブームが始まった年であり，その意味で当時の「学校の怪談」ブームを象徴した作品である．

『ぬ〜べ〜』は，ぬ〜べ〜こと，鵺野鳴介という「霊能力」を持った小学校教師が主人公である．このぬ〜べ〜が自らの左手に封印した「鬼」の力を駆使して，襲いくる「妖怪」から子どもたちを守るというのが，この物語の基本的な構造である．こうした騒動はぬ〜べ〜の受け持つ童守小学校の５年３組の子どもたちを中心として繰り広げられ，物語が進むにつれ，教師の力を借りながらも成長していく子どもたちの姿が描かれている．

５年３組の主な登場人物は，新学期に転校してきたリーダー的存在の立野広，広に思いを寄せるヒロインでありながら少々がさつな稲葉響子，いつもトラブルを引き起こすおしゃべりな細川美樹である．この３名を中心に物語が展開されることが多いが，タバコを吸うなどの問題行動の多い木村克也，忘れ物が多

く周りより精神的にも肉体的にも幼い栗田まことが，この仲間集団の構成員として描かれている．その他にも幾人かのサブメンバーが同仲間集団に出入りしており，時には6年生の篠崎愛のような異学年との交流もある．

　以上のことから，『ぬ～べ～』は「学校の怪談」をめぐる教師と仲間集団の物語として位置づけられるであろう．次節では，この物語に描かれた仲間集団の姿を見ていこう．

2　「学校の怪談」に描かれた仲間集団

(1)　魅力的な学校生活

　『ぬ～べ～』には学校における子どもたちの仲間集団はどのように描かれているのだろうか．『ぬ～べ～』は「少年ジャンプ」という媒体に描かれる物語ゆえに，「友情・努力・勝利」というテーマが掲げられた物語である．そのため，子どもたちに襲い掛かる「妖怪」から主人公であるぬ～べ～が子どもたちを守り，教師に守られながら友情を深め，成長をしていく子どもたちの姿が描かれている．

　たとえば172話の「どこでも簡単　Oリングの巻」にぬ～べ～クラスの子どもたちが深い友情で結ばれていることが描かれている．「Oリング」とは親指と人差指で「O」の字を作り，それを引っ張って指が離れなければ，「よい『気』」が流れていることがわかるという，1種の占い遊びである．ある雨の日，川の中州に取り残された犬を広たちが救おうと川に入っていたところ，鉄砲水に襲われてしまう．しかし，広たちは「Oリング」で手を取り合い，お互いの信頼感から指が離れることなく一命を取り留める（図6-1）．それを目の当たりにしたぬ～べ～は「こいつら……心底お互いを信頼しあってるってことか……」と感嘆の言葉とともに笑顔をみせる．

　このように，ぬ～べ～クラスの子どもたちは互いに信頼し合う「クラスの仲間」という絆で強く結束しており，また，それを教師であるぬ～べ～は称賛す

図6-1　友情を確かめる子どもたち

　るのである．友情に厚い子どもたちの姿は「理想的な」人間関係であり，それが学校の魅力として『ぬ〜べ〜』には描かれているのである．すなわち，近代教育が強調してきた「学級は『生活共同体』でなければならない」という言説をそのまま実践している姿が描かれているのである．

　さらに，学校のこうした魅力は，学校へ出現する「妖怪」たち，とくに死んでしまった子どもの「霊」が象徴的に物語っている．第5巻に集録されている「五人目は誰だ!?の巻」や第8巻の「恐怖の心霊写真の巻」には，死んでしまった子どもが「幽霊」となり，元気で遊ぶ子どもたちを慕って学校に現れたり，遠足の写真に写りこむという話がある．これらの「霊」はいずれも子どもが学校に通うことを切に望んでいることを表しているといえよう．「妖怪」たちは，子どもを襲うためだけでなく，子どもと遊ぶためなど学校の魅力にひきつけられて学校に集まるのである．

　またその一方で，『ぬ〜べ〜』に描かれた子どもたちは，子ども同士の楽し

い交流を作り出すために，「学校の怪談」がもたらす恐怖という感情をうまく利用している．『ぬ～べ～』に限らず「学校の怪談」マンガの中には「コックリさん」で恋の行方を占ったり，「ダウジング」で宝物を探したり，あるいは旧校舎や廃屋で肝試しをする場面が何度も繰り返し描かれる．吉岡（2008）が指摘するように，子どもたちは「学校の怪談」を語ることで，学校のあらゆる場所を恐怖で意味づけ，それを仲間同士で楽しんでいるのである．

しかし，現実の子どもたちに目をやると，上述のような仲のよい仲間集団は社会の変動に伴い，衰退，あるいは崩壊したとの指摘がなされている（住田1999）．このような観点からみれば，現実には仲間集団が衰退/崩壊しているからこそ，『ぬ～べ～』に描かれたクラスの風景は，「理想的な」姿として美化されているのかもしれない．

それでは，いかにしてぬ～べ～クラスは以上のような仲のよい魅力的な仲間関係を形成，維持させているのであろうか．次項では，仲間集団を形成し，維持する要因として「学校の怪談」をみていこう．

（2） 仲間集団における社会化と再構築

「学校の怪談」を語ることは単なる遊びに留まらない．それは遊びを超えて，子どもたちの仲間意識を繋いでいくものである．では，学校に集う「妖怪」は子どもたちの仲間意識にどのような影響を及ぼしているのだろうか．以下では，「妖怪」の出現に対する子どもたちの相互作用に注目してみよう．

『ぬ～べ～』では無差別に子どもに襲い掛かる「妖怪」が多い．それは「学校の怪談」が「社交」に用いられるために，誰の身にも降りかかる危険性が必要とされるためであろう．しかし，多くはないが，特定の行為をした子どもを狙って現れる「妖怪」がいる．ぬ～べ～クラスの木村克也が神社の賽銭を盗んだり（第2巻），動物を殺したりしたために「妖怪」に襲われる（第10巻）というものである．これらの物語からは容易に教訓的メッセージが読み取れよう．

こうしたメッセージの中には，子どもの仲間関係に関する教訓，あるいは規

図 6-2 「チクリ魔」の静

範，つまり子どもから子どもに向けられたメッセージが読み取れるものがある．たとえば，菊池静は「正義感の強い」少女で，ことあるごとに教師に告げ口をするために「チクリ魔」のラベルを貼られ孤立してしまう（第21巻）（図 6-2）．そうしたなか，静は「三尸」と呼ばれる「妖怪」にとりつかれる．「三尸」はとりついた者の悪事を神に報告し寿命を減らすという，いわゆる告げ口をする「妖怪」である．これを契機に，静は告げ口をされることの不愉快さを知り，それまでの態度を改めるようになるのである．そして，この物語の最後には静とぬ〜べ〜の間で次のような会話がやりとりされる．「まあ友達を困らせないように気をくばっていくことだな」「そうね友達が一番大事だものね」．

ここでも友人との人間関係の重要性が指摘されており，「告げ口」が友人関係を壊してしまう行為として扱われていることに特徴がある．つまり，「三尸」という「妖怪」の登場により，「告げ口」してはいけないという子ども集団の秩序を維持するための規範が露見するのである．こうした規範が露見することで，子どもたちは「友達を困らせないように気をくばっていく」術を身につけていくことになる．『ぬ〜べ〜』に描かれた子どもたちは「妖怪」を通して仲間集団内の規範を内面化しているのである．

『ぬ〜べ〜』に描かれた子どもたちのこのような仲間たちに気を使っていく

姿勢には，住田（1995）の指摘する仲間集団における社会化の機能が示されている．仲間集団は家族のなかで社会化され，各々が独自のパースペクティブを持った子どもたちの集まりである．そのため，集団内でコンフリクトが発生し，それを解消する過程で，仲間集団に適応するとともに，客観的なパースペクティブを獲得していくのである．

さらに，「妖怪」は集団成員の社会化だけでなく，仲間集団の再構築を行う役割も果たしている．第151話の「怨念・朧車の巻」では，もともと「親友」であった稲葉郷子と細川美樹が「朧車」にとりつかれ，ささいなことでいがみ合うようになる．その呪いをとくためには2人が「仲良く」「朧車」を追い越せばよいのだが，彼女たちは互いに足を引っ張り合ってしまう．しかし，美樹が「朧車」にひかれそうになったところを郷子が助けたことから，2人は互いの友情を再認識するようになるのである．

山田（2004）や吉岡（2008）が指摘するように，「学校の怪談」は凝り固まっ

図6-3　ぬ〜べ〜に除霊を依頼する子どもたち
©真倉 翔・岡野 剛／集英社

た学校の日常性を破壊する．仲間集団の再構築は，「妖怪」の登場による日常性の破壊がもたらした結果であるといえよう．子どもたちはそれまでの人間関係を破壊し，再構築することで，また新しい日常を生きることができるのである．このことが，退屈な日常性を乗りきる1つのテクニックとして位置づけられているのであろう．

　そのため，子どもたちは命の危険も顧みず，積極的に「妖怪」を求めるという特異な行動を見せる．体育倉庫に現れた子どもの「霊」や旧校舎のトイレに現れた「トイレの花子さん」など，わざわざ生活空間とは離れた場所の「妖怪」を「除霊」するよう子どもたちはぬ〜べ〜に依頼する（図6-3）．ぬ〜べ〜は「遊ばなきゃぃーでしょ　なにもこんなところで！」と愚痴をこぼすが，確かに，子どもたちはわざわざ近寄らなくてもよい場所に出る「妖怪」を「除霊」したがっているのである．

（3）　理想に縛られた「死のいじめの物語」

　ところが，以上みてきたように「学校の怪談」を通した社会化や仲間集団の再構成の背後には排除がつきまとう．「学校の怪談」マンガに，往々にして自殺した子どもたちが「霊」となって学校に現れるという題材が用いられるのは，仲間集団の形成と排除とが表裏一体になっていることを示していると言えよう．

　いじめられ自殺した「内気な少女」は「赤いチャンチャンコ」となり（第6巻），「霊能力」を持っていることで級友から「化け物扱い」されて自殺した少女は「メリーさん」になる（第27巻）[2]．彼女たちは「妖怪」となり「いじめられた恨みを晴らすため」に子どもたちを無差別に殺そうとするのである．彼女たちは，クラスの仲間たちと友人関係を形成できなかった子どもたちである．いじめられ，クラスの仲間たちから排除された子どもたちの恨みは，これらの事例からわかるように非常に深刻なものである．

　上記の2つの事例は，いずれもいじめによる自殺である．間山（2008）によれば，かつて「仲間はずれ」は死に値するものではなかったという．というの

第 6 章 「学校の怪談」に見る仲間集団　87

も，必ずしも「仲間はずれ」だけが自殺の原因として語られてはいなかったためである．しかし，『ぬ～べ～』ではいじめられること，すなわちクラスの仲間集団から排除されることは死に値するという「死のいじめの物語」(小谷 2008, 144-46頁) として描かれている．

『ぬ～べ～』に「死のいじめの物語」が描かれるのは，仲のよいクラスの仲間たちの姿が美化されていることの裏返しではないだろうか．なぜならば，例え学校のなかでクラスの仲間と「理想的な」関係を築けなくても，勉強ができればよいというような別のあり方が許されないからである．

子どもたちと遊ぶために「童守小学校」にやってきた「弥々子河童」は，あまりの「ガキ大将」ぶりから仲間集団から排除され，「勉強なんか一人でもできるからな」と仲間集団との人間関係を学ぶ場所が学校の役割であるとぬ～べ～に諭される (第9巻)．さらに，テストの点が上がるようにと社で熱心にお祈りをしていた栗田まことに対して，広や克也は「うらぎるなよ」，「運命共同体だ」という言葉で，仲間内での学業成績に差が生じることに懸念を示す (第14巻) (図 6-4)．すなわち，友人関係を築くことが最重要事項とされ，勉強をして成績を伸ばすことは，むしろ，友人関係を壊す裏切り行為となるのである．

このように『ぬ～べ～』では，友人たちとの人間関係の形成を最優先事項とした学校生活のあり方が示されており，勉強など他の分野に秀でる子どもたち

図 6-4　低学力でつながる運命共同体

のあり方は否定される．つまり，仲間集団からあふれた子どもたちの居場所は学校には存在しにくくなるのである．そのため，いじめられた子どもたちは自殺へとコミットしやすくなっているのではないだろうか．仲間集団の「理想的な」人間関係を強調する『ぬ〜べ〜』は必然的に，「死のいじめの物語」を内包しているのである．ここに「学級は『生活共同体』でなければならない」という言説が子どもたちにもたらす負の側面を見出すことができよう．

　いじめやひきこもり，ネット自殺など若者に関する様々な社会問題から現代の若者の精神的背景を考察した土井（2004，2008）は，現代の子どもたちの対立の回避を最優先しようとする人間関係を「優しい関係」と呼んだ．子どもたちはそれを壊さないよう「装った自分」を演出し続けなければならないのだという．それでも生じる対立を覆い隠すために，子どもたちはいじめに走ると指摘する．

　しかし，『ぬ〜べ〜』に描かれた子どもたち，とくに5年3組にはいじめを行っている様子は見られない．住田（1995，1999）も言うように，仲間集団には必ずコンフリクト（対立）がつきまとう．実際に，「告げ口」をした静を始め，響子と美樹の意地の張り合いに見られるように『ぬ〜べ〜』では「死のいじめの物語」が内包されてはいるが，子ども同士の対立が生じており，土井（2004，2008）の言う「優しい関係」とは異なる子どもたちの姿が描かれている．それは，様々な対立を表出させたうえで，1つずつ解消し，友情を深めていく「理想的」な仲間集団の姿なのだろうか．結論を先取りすれば，否である．『ぬ〜べ〜』に描かれた「理想的」な仲間集団は「学校の怪談」の介入を通して初めて維持されるものなのである．次項では，この「理想的」な「生活共同体」がいかに維持されているのかを，「学校の怪談」の特性を提示しながらみていこう．

（4）　問題の外在化による「優しい関係」の維持

　「学校の怪談」は，仲間集団のなかで生じるコンフリクトを露見させる一方

第 6 章 「学校の怪談」に見る仲間集団　89

で，仲間集団内での子どもたちの対立を回避させる役割を担っている．第11巻では，転校生の小林由香が登場する．彼女は女の子であるが髪も短く男の子のような風貌であり，そのことでからかわれてしまうせいか，「ひねくれて」いていつもいじわるばかりしていた．当然クラスの子どもたちは由香を嫌い，仲間はずれにしてしまう．ぬ～べ～は由香のそうした態度を見て，「天邪鬼」という「妖怪」の仕業だという．それからというもの，クラスの子どもたちは由香から「天邪鬼」を追い出そうと協力したり，積極的に声をかけたりなど，由香をクラスの一員として引き込もうとする（図6-5）．由香自身も自らの性格を「天邪鬼」のせいであると考え，素直になる努力をすることで，クラスに打ち解けていくのであった．

　この事例はホワイト・エプストン（1992）の言う「問題の外在化」の実践である．ホワイト・エプストン（1992）によれば「『外在化』とは，人々にとって

©真倉 翔・岡野 剛／集英社
図6-5　除霊をするため追われる由香

耐えがたい問題を客観化または人格化するように人々を励ます，治療における一つのアプローチである」(59頁)と述べる．由香のひねくれた性格は由香とクラスの人間関係を悪化させていたが，その原因を由香ではなく「天邪鬼」に起因させた結果，クラスの仲間は由香を責めるのではなく，彼女と協力し「天邪鬼」と対峙することで問題の解決を図ろうとする道を選択したのである．このことは「妖怪のしわざだったと思えばみんな　わだかまりもなく　仲良くなれるだろう」というぬ〜べ〜の言葉にもあらわれている．これが「問題の外在化」である．

この「問題の外在化」が『ぬ〜べ〜』の世界の「生活共同体」を「理想的」な姿に保っているのである．ここで，上述した「問題の外在化」には2通りの機能があることに気づくだろう．1つは，由香という個人から問題を引き離すこと．もう1つは，引き離された問題にクラスの仲間たちが対峙するようになることである．

前者は，子どもたちの対立を覆い隠すという機能である．すなわち，土井(2004, 2008)の言う「優しい関係」を保つための1つのあり方と言える．先の例で言えば，一見対立していたように見えていた響子と美樹の意地の張り合いは「朧車」という「妖怪」の仕業であり，響子と美樹の両者に対立の原因が内在していないということになる．つまり，お互いの維持の張り合いは2人の努力によって解決したのではなく，もともと悪い「妖怪」に操られていただけであり，その「妖怪」の消滅に伴い2人の対立もみえなくなったにすぎない．そのため，2人は対立の後にも，わだかまりを残さずにもとの関係に戻ることができたのである．つまり，子どもたちは，対立の原因を「妖怪」に起因させることで，「装った自分」を演出し続けるような高度なコミュニケーション技術を駆使しなくても，対立を回避する「優しい関係」を保つことができたのである．

後者については，子どもたちの凝集性を高める機能である．出現した「妖怪」は，クラスの仲間集団にとって共通の敵となり，仲間集団の団結を促す．

ときには「口裂け女」を退治するために，あるいは人体模型に宿った「霊」を慰めるために，先の例で言えば「三尸」にとりつかれた静を救うために，子どもたちはクラスの仲間たちと手を取り合い，団結するのである．クラスのなかで浮いた存在であるいじめっ子の金田勝は「ヤミ子さん」に襲われたところを広に救われる．しかも，5年3組での「天下」という立場を広に奪われたことを逆恨みしての決闘の最中にもかかわらずである（第4巻）．場合によっては，金田のようないじめっ子さえも，「妖怪」の出現を通して，クラスの仲間として組み込まれていくのである．このように，「学校の怪談」は，個人に内在する問題を外在化し，それを客観視できる「妖怪」という存在に置き換え，敵対することで，クラスの凝集性を高めているのである．

　民俗社会における「異人殺し」のフォークロアの機能を分析した小松（1995）は「民俗社会は外部の存在たる『異人』に対して門戸を閉ざして交通を拒絶しているのではなく，社会の生命を維持するために『異人』をいったん吸収したのちに，社会の外に吐き出す」(89頁)と述べる[5]．つまり，共同体の維持のために，排除されるべきスケープゴートを作り出すのである．『ぬ〜べ〜』では，このスケープゴートを「妖怪」とすることで仲間集団の構成員を排除することなく，仲のよい「理想的」な仲間集団を作り上げていたと考えられよう．

3　仲間集団に対する教師の役割

　以上のように，『ぬ〜べ〜』では「死のいじめの物語」を内包した「学級＝生活共同体」論が強調され，その一方で「学級＝生活共同体」を保つために「学校の怪談」が巧みに利用されていたのである．仲間集団の「理想的な」人間関係を強調する「学級＝生活共同体」論は，本稿で見てきたように，いじめによる自殺という結果をもたらすという危険性を含み込んでいた．その危険性は「学校の怪談」という物語によってかろうじて回避されるという，非常に繊細な人間関係を子どもたちに強いることになっているのかもしれない．

それでは、このような学校における仲間集団に対し、教師にはいったい何ができるのであろうか。小国（2006）によれば、現代の教師には、子どもへの援助や支援が期待されており、その裏返しとして、これまで以上に子どもたちの自主性そのものを「管理の対象」とする役割が求められているという。ぬ〜べ〜自身も基本的には子どもの自主性を尊重しており、授業が妨害されるときや、子どもの身に危機が及ぶとき以外は、それほど子どもたちに干渉しない。その一方で、仲間集団の重要性を訴え、子どもたち自身が互いに成長しあうことを理想として語っている。つまり、子どもたちの自主性を尊重しつつも、仲間集団からはみ出さないことを繰り返し、強調するのであった。

しかし、本分析で明らかにしたように、「理想的な」仲間関係を過度に美化する物語が現在の「教育病理」問題の根底にあると考えられる。外国語が堪能でバイオリン演奏に長けている6年生の篠崎愛は、「お嬢様」「才女」と呼ばれ「特別扱い」されることを嫌い、「普通の人間」であることを証明しようと万引きをしてしまう。彼女もまた友人ができないことで苦悩していた。なぜ、彼女は語学力やバイオリンの演奏に長けているだけでは自身のアイデンティティを保てなかったのだろうか。バイオリンを演奏する能力はそれ自体が称賛されるべきものである。しかし、それを称賛する教師の姿は『ぬ〜べ〜』には描かれていない。なぜならば、『ぬ〜べ〜』に登場する教師たちは「理想的」な仲間集団を賛美する「学級＝生活共同体」論に過度にとらわれており、バイオリンを演奏する能力を人間関係の形成以上に価値あるものとして考えることができなかったからであろう。

もちろん「学級＝生活共同体」論が否定的なものとばかり決めつけてしまうのは早計である。先にも触れた木村克也は、逸脱行為が多く、「落ちこぼれの不良」として描かれる。この非行少年に対し、「仲良く協力し合うクラスの仲間」という言説は「よい子ちゃんクラス」という文化への同化を促し（第3巻）、時には仲間を救うべく責任感を発揮させる（第27巻）。このように「学級＝生活共同体」論には、子どもたちの成長に資する魅力的な側面を持つことには変わ

りない．

　ところが，本章で示したように，「学級＝生活共同体」論には子どもたちを窮地に立たせてしまう危険性を孕んでいるという点でその取り扱いには十分な配慮が必要である．このような観点から見ると，現代の教師たちは，変わりゆく社会のなかで「仲良く協力し合うクラスの仲間」という「理想」に偏重した「学級＝生活共同体」論を脱構築しなければならない状況にあるのかもしれない．つまり，仲間がいなくても自分自身に意味を見出せる学校生活のあり方を子どもたちに提示していく必要があるのではないだろうか．

注
1）「朧車」は平安時代の女性たちの「負けず嫌いの怨念が妖怪化」したものであるという．
2）「赤いチャンチャンコ」や「メリーさん」は実際の「学校の怪談」にも見られる物語である．しかし，これらの「妖怪」の過去は必ずしも，実際に語られているわけではなく，『ぬ～べ～』に描かれている過去は作者の創作によるものと思われる．
3）小谷（2008）は，大人が自分たちの世界にもいじめがあり，その苦痛がわかるため，子どもの世界のいじめにも過剰に反応してしまった結果，「死のいじめの物語」が形成されたという．
4）「天邪鬼」はとりついた人間を「ひねくれ者」にしてしまう「妖怪」である．
5）かつての民俗社会における共同体と現在の共同体を同一視することは適切ではない．現代では「共同体の崩壊」した時代である．小谷（2008）は現代のいじめを「いじめによって排除される子どもの存在を通してクラスのメンバーシップを確認し，その子どもに共同暴力を行使することによって，集団としての一体感を醸成しようとした」（144頁）のではないかと述べる．すなわち，かつての共同体がその維持のため「異人」を取り込んでいたのに対し，現代の「学校の怪談」は崩壊した共同体を新たに作り出そうとしたものと考えられる．

第 7 章

ケータイ・ネットと子ども

1　ケータイ・ネット使用の現状

(1)　ケータイ・ネットの利用状況

　近年の子ども文化の特徴の1つとして，ケータイ・ネットの普及が挙げられる．まずは，全国6256世帯を対象に実施された総務庁の調査（平成19年度通信利用動向調査 世帯編）から，その実態をみてみよう．この調査によれば，今や，携帯電話の利用率は，6歳以上人口の73.9％にものぼるという．世代別に見てみると，6‐12歳の利用率は31.6％，13‐19歳は85.4％となっている．小学生の約3人に1人，そして中高生にいたっては9割近くが携帯電話を利用していることがわかる．しかも，こうした携帯電話の利用は，ここ数年，概して増加傾向にある．

　携帯電話の主な利用目的についていえば，同調査（2007）において，携帯電話を使ってインターネットを利用する中学生・高校生の増加が指摘されている．平成17‐19年度における13‐19歳の携帯インターネット利用率は，いずれも70％を超えているのである．

　また，携帯電話という方法に限らなければ，インターネットを利用する若者はさらに増加する．平成19年度のインターネット利用率は，13‐19歳で94.7％，6‐12歳でも，68.7％と7割近くが利用している．

　これらのデータから，近年，携帯電話を所有する児童生徒は数多く，しかも増加傾向にあること，そして，彼らがインターネットに接触する機会を多く持

っていることが分かる．では，彼らは，何を目的にして，パソコンや携帯電話でインターネットを利用しているのだろうか．次に，全国の満10歳から満17歳まで1191人を対象に実施された内閣府の調査（2007）から，インターネットの利用内容についてみてみよう．

まず，パソコンによるインターネットの利用内容としては，ホームページやブログを見たり，学校の宿題などの答えを調べたりする児童・生徒が多くなっている．具体的には，小学生の利用内容として最も多いのが「学校の宿題などの答えを調べたり，探したりする」（67.2%）であり，次いで多いのが「ホームページやブログを見る」（57.5%）である．こうした状況は，中高生に関しても同様である．

一方，携帯電話等で情報サイトにアクセスして行うこととしては，「ホームページやブログを見る」が，中学生66.9%，高校生78.2%と最も高い割合を示している．しかし，携帯電話等の利用においては，「学校の宿題などの答えを調べたり，探したりする」が低くなっており（中学生13.9%，高校生19.8%），その代わりに，パソコンの利用内容としてはそれほど高くなかった「友人の掲示板を見る」（パソコン利用：中学生22.3%，23.7%）が，中学生39.7%，高校生46.9%と高い割合を示している．一口に「ネット」と言っても，中高生はパソコンと携帯電話を使い分けているようである．

これまでみてきたように，今や数多くの児童生徒にとって，携帯電話やパソコンによるインターネット利用が，非常に身近なものとなっているといえるだろう．しかし，それらが普及するとともに，様々な問題点も指摘されるようにもなっている．次に，ケータイ・ネット利用の問題点として，①学校裏サイト，②ネットいじめ，③有害情報・出会い系サイトの3つを取り上げ，具体的にみてみよう．

（2） ケータイ・ネットにひそむ問題点
① 学校裏サイト

　学校裏サイトとは，巨大掲示板「2ちゃんねる」の中高生版のようなものだと説明される．当初は，高校生たちの連絡や情報交換がなされているとみられるが，数年前から，トラブルへと発展するケースが増えてきたと指摘される（下田 2008）．

　トラブルを誘発する学校裏サイト発信の問題点について，下田（2008）は，①わいせつ情報発信，②暴力誘発情報発信，③誹謗中傷，という三つの視点から説明している．そこで，その分類を参考に，それぞれの問題点についてみてみよう．

　まず，1つ目の問題点，わいせつ情報発信についてである．学校裏サイトには，全国の中高生の利活用を目的とした全国版のものと，特定地域・特定学校の利活用を目的として生徒が開設した地方版のものとの2種類がある（下田 2008）．このうち，全国版の学校裏サイトの中に，わいせつ情報発信が散在していると報告されている．全国版の学校裏サイトは，本来，恋愛や趣味について語りあう交流の場である．しかし，性への関心が強い中高生が集まり，盛り上がった結果，わいせつ画像までもが発信されているのである．

　次に，2つ目の問題点，暴力誘発情報発信であるが，学校裏サイトでの交流中に誹謗中傷へと発展し，その後，傷害事件へと発展するケースが報告されている．たとえば，2006年秋，福岡県では，学校裏サイトでの中傷に腹を立てたある中学校の生徒が，書き込みをした別の中学校の生徒を暴行した．しかも，書き込みをした生徒が特定できなかったため，その生徒が在籍する中学校の生徒を手当たり次第に暴行したのである．学校裏サイトにおける中傷は，不特定多数を相手にした実際の傷害事件へと発展する可能性を秘めていることが分かる．

　さらに，傷害事件までは発展しなくとも，誹謗中傷自体も学校裏サイトの問題として挙げられる．3つ目の問題点である誹謗中傷は，特定地域・特定学校

の利活用を目的として生徒が開設した，地方版の学校裏サイトで特に問題となっている．たとえば，2005年7月，奈良県では，16歳の男子生徒が，同級生の女子生徒の名前を使ってひわいな書き込みをしたり，その女子生徒の性格を中傷する書き込みをしたりして警察に補導されている．また，他県では，生徒だけでなく，教師に対する誹謗中傷も行われている．2005年7月，福島県では，17歳の男子生徒が，ある男性教師が女性教師にわいせつな行為をしたと学校裏サイトにうその書き込みをしたと報告されている．

　このように，学校裏サイトの利用は，わいせつ情報発信や暴力誘発情報発信，また誹謗中傷といった，様々な要素を含んでいる．その中でも特に，最後に挙げた誹謗中傷は，いわゆるネットいじめとして扱われるものである．そこで，次に，学校裏サイトに限らず，ネットいじめがどのように展開されているのか，見てみよう．

　② **ネットいじめ**

　ネットいじめとは，インターネットを手段とするいじめのことである（渋井 2008）．こうしたいじめは，先にみた学校裏サイトにおける誹謗中傷や個人情報の公開といった方法で，あるいは，メールでの誹謗中傷として行われていることが報告されている．

　メールを使ったいじめについて，たとえば，2007年にいじめを苦に自殺した神戸市須磨区の男子高校生の場合は，同級生の脅迫メールが一因だったとみられている（渋井 2008）．また，2007年2月には，奈良県で，男子中学生2人が女子生徒に「死ね」，「キモイ」などと書いたメールを700通以上送り，県迷惑防止条例違法容疑で逮捕されている（藤川 2008）．メールを利用することによって，当事者以外には見えにくい形でいじめが進行していることが分かる．

　また，これまで見てきたネットいじめの例は，実際の学校生活におけるいじめと並行する形で行われたネットいじめであるが，インターネットで知り合った間柄で行われるいじめもあるという．たとえば，高校生が開設したホームペ

ージの URL が晒され，併設されている掲示板にいたずら書きや誹謗中傷が大量に書き込まれることもある（渋井 2008）．これは，特定のだれかによるいじめではなく，いわゆる「ネットイナゴ」を利用した嫌がらせである．直接会ったことのない相手に対しても，インターネットを介すことによって，いじめは成立しうるのである．

　こうしたネット上のいじめの特徴としては，① 不特定多数のものから絶え間なく行われ，被害が短期間で深刻なものとなりやすい，② 匿名性から安易に書き込みが行われ，子どもが簡単に被害者にも加害者にもなる，③ 教師や保護者といった身近な大人が携帯電話等の状況を把握することが難しいなどが挙げられる（文部科学省 2008）．そのため，これらの特徴を理解した上で，早期発見・早期対応に向けた取組を行っていく必要性が指摘されている（文部科学省 2008）．

③ 有害情報・出会い系サイト

　これまで見てきた学校裏サイトやネットいじめは，主に児童生徒同士のやりとりの中で生じた問題点であるが，児童生徒がインターネットを介して大人とやりとりする中で生じる問題点もある．暴力的な表現や性的な表現を含んだいわゆる有害情報，あるいは出会い系サイトとの接触も，ケータイ・ネット利用の問題点として指摘されている．

　総務省が開催した，「インターネット上の違法・有害情報への対応に関する検討会」（2005‐2006年）では，違法・有害情報を ① 権利侵害情報，② その他の違法な情報，③ 公序良俗に反する情報，④ 青少年に有害な情報，の４つに分類した．「アダルト，出会い系サイト，暴力的な表現」は，その中の１つ「青少年に有害な情報」に該当しており，政府レベルにおいても対策が必要だと認識されていることが分かる．

　しかしながら，青少年にとって有害な情報が何なのか，画一的な基準を設けることは困難でもある（総務省 2008）．特に，アダルトや暴力的な表現について

は，家庭によって大きく考え方が異なっている場合がある．そうした際に，誰が，どのような形で規制していくのか，今後検討していかなければならない点であろう．

　一方，出会い系サイトについては，そのサイトでの出会いが，犯罪に発展する可能性を含んでいることもあり，実態調査の蓄積が進みつつある．警察庁の調査によれば，出会い系サイトに関係した事件の被害児童数は，法律が施行された平成15年以降は，いったん減少したものの，平成18年度から再び増加に転じているという．具体的には，平成14年には1273人，平成15年には1278人だったのが，平成16年には1085人，平成17年には1061人に減じている．しかし，平成18年は1153人となっており，再び増加する勢いを見せている．被害内容としては，児童買春・児童ポルノ法違反が最も多くなっており，ついで青少年保護育成条例違反となっている．また，アクセス手段として，彼女らの多く（95％以上）は携帯電話を利用していることもわかっている．携帯電話を使い，出会い系サイトにアクセスすることが犯罪へとつながっている様子がうかがえる．

2　子どものケータイ・ネット使用への対応

（1）　行政の対応

　子どものケータイ・ネット使用への対応はさまざまなレベルで行われているが，行政レベルでは，法整備が喫緊の課題とされており，各省庁で，それぞれに多様な視点から子どものケータイ・ネット使用に関する会議や研究会が開かれている．

　たとえば，総務省による「インターネット上の違法・有害情報への対応に関する検討会」，文部科学省による「ネット安全安心全国推進会議」(2007年より)，警察庁による「出会い系サイト等に係る児童の犯罪被害防止研究会」(2007年より)などがあげられる．これらの会議や研究会は，必ずしも子ども，青少年だけを対象としたものではないが，荻上 (2008) も指摘するように，2007年ごろ

から「ネットは子どもにとって危険なもの」という感覚が高まったことによるものであろう．

こうした，危機感を受けて2009年4月には「青少年が安全に安心してインターネットを利用できる環境の整備等に関する法律」が施行された．この法律の基本理念として，青少年に「インターネットを適切に活用する能力」を習得させること，「青少年有害情報フィルタリングソフトウェア」の性能の向上と利用の普及を進めること，またこうした環境整備の推進を民間が自主的かつ主体的に取り組み，国や地方公共団体がこれを尊重するという文言が記されている．

しかし，子どもに「インターネットを適切に活用する能力」を身につけさせことについては学校教育，社会教育，家庭教育など各種教育団体が主な担い手とされており，政府の対応はこれらの支援に「必要な施策を講じる」との言及に留まっている．一方で，フィルタリングの機能については，その整備に関する記述量自体も多く，その内容が非常に具体的なものであることから，こちらに重点が置かれていることは明らかである．

このように，「青少年が安全に安心してインターネットを利用できる環境の整備等に関する法律」を見る限り，子どもがケータイ・ネットを使用することには危険が伴うという認識から子どものケータイ・ネット使用にある程度の規制を設けようとしているといえる．

(2) フィルタリング

では，ここで，フィルタリングの仕組みやその限界性などを見てみよう．フィルタリングについては，藤川（2008），森井（2008）が詳しく論じており，これを参考にフィルタリング機能を概観しよう．

フィルタリングとは，文字通り，ネットワークから受け取る情報にフィルターをかけ，取捨選択するというものである．このフィルタリングには2種類の方法があり「ホワイトリスト方式」と「ブラックリスト方式」とよばれている．「ホワイトリスト方式」は当該会社が安全だと認定した公式サイトのみが閲覧

できる仕組みだが，多くの優良な「勝手サイト[1]」までアクセスできなくなってしまうという欠点を持つ．これとは反対に，「ブラックリスト方式」は，有害とされるサイトとしてリストアップされたサイトへのアクセスを制限しようとするものである．そのため，「ブラックリスト方式」は，「ホワイトリスト方式」ではアクセスができなかった「勝手サイト」にもアクセスが可能となる（藤川 2008）．

　この「ブラックリスト方式」では，利用者のアクセス時に瞬時に判別する必要がある．それが「テキストマッチング」である．森井（2008）によれば，サイト内で使用される特定の単語や文章を検索し，それらが利用されているサイトを有害サイトとみなすというものである．さらには，どのようなサイトにリンクしているか，またどのようなサイトからリンクされているかを解析する「リンク構造解析」とよばれるシステムがあるという．

　しかし，こうしたフィルタリングの仕組みにおいて，有害サイトの定義が問題となることは明白である．何が有害で，何が優良であるかを判別することが困難なのである．「自殺」[2]というキーワードを排除した場合，自殺問題に真摯に取り組んでいるサイトも有害サイトとして排除されてしまうことを森井（2008）は危惧する．また，日々新しいサイトが開設されており，その量の膨大さからも，サイトの判別は困難を極める．このような問題に対しては，2008年に「モバイルコンテンツ審査・運用監視機構」（EMA）が設立され，フィルタリング基準の策定やその運用の監視がなされようとしている（中山 2008）．

　以上のように，現時点では，フィルタリング機能そのものに限界性があり，フィルタリングを万能視することはできない．さらに，フィルタリング機能の向上以前の問題として，フィルタリングサービスを利用するかどうかが，個々の保護者の判断に委ねられている．そのため，行政や企業の努力だけでなく，ケータイ・ネットを利用する子どもたちの身近な人々の協力なしでは，いくらフィルタリングサービスが向上しようともそれを十分にいかすことは困難であろう．子どものケータイ・ネット使用の問題には学校や家庭など子どもたちの

身近な場での細やかな対応が必要である．

（3） 学校や家庭での取り組み
① 学校の対応
　それでは，ここで子どものケータイ・ネット使用に対する学校の対応を見てみよう．学校には，子どもに「インターネットを適切に活用する能力」を習得させることが期待されており，その役割は大きい．

　全国の179校の公立中学校に子どものケータイ事情に関する調査を行った深谷・高旗（2008）の報告によれば，ケータイの校内への持込を禁止している中学校は98.3％と非常に多く，「学校裏サイト」への問題にも何らかの対応をしている中学校が66.1％となっていた．このデータから見ると，学校の中では子どものケータイ・ネット使用が重要な課題として受け止められていることがわかるだろう．

　全国調査ではないが，岡山県教育庁指導課（2008）は，岡山県内の公立の小，中，高校生のケータイ・ネット使用を対象としたより詳細な学校調査を行っている[3]．それによれば，ネットの掲示板への点検に関して，いずれの学校段階でも１カ月に１回も点検していないという学校は，小学校では70.1％ともっとも多くなっており，中学校で38.2％，高校で15.7％である．掲示板等で誹謗中傷の書き込みを発見した場合の対応としては，削除要請がもっとも多く小学校で48.0％，中学校で42.5％，高校では30.3％である．

　さらにすべての学校段階において，半数以上の学校がインターネットに関連した，とくに「ネットいじめ」に関する教員研修を行っており，また，総合学習や教科などの時間を通して「情報モラル教育」に取り組んでいる．

　これらの調査結果からみると，子どものケータイ・ネット使用への学校の対応は，基本的には校内へのケータイの持込を禁止することで対応しているようにみえる．しかし，学校段階によって対応は大きく異なっており，とくに小学校では掲示板の点検をしない学校が多く，反対に高校では点検をしない学校が

非常に少ない。その一方で，掲示板等で誹謗中傷の書き込みを発見した場合の対応は小学校の方が敏感で半数近くが削除要求という何らかの対応をしている。このことから，ケータイ・ネットの使用頻度が低い小学校では，学校側の監視は緩やかではあるものの，いざ問題が発生したときに敏感な対応をする小学校と，子どものケータイ・ネットの利用状況を把握しつつも利用の仕方は生徒の自主性に委ねる高校という異なる姿が垣間見える。こうした中，2009年1月，文部科学省は，全国の公立小中高校での携帯の持込を原則禁止とする通知を全国の教育委員会に配布した。

このように，学校では，原則禁止の動きが活発になりつつあるのが現状であろう。そのため，子どものケータイ・ネット使用の「危険性」を保護者に対し啓発を行っている学校は多い。とくに高校や中学校では学校だよりなどで注意喚起を行っている学校が7割前後となっている（岡山県教育庁指導課 2008）。このことは，学校における児童・生徒のケータイ・ネット使用に対して，家庭での対応が求められていることを示しているといえよう。

② 家庭や地域社会の取り組み

先にも触れたように，フィルタリングの利用の決定や学校へのケータイの持込の要望など，子どものケータイ・ネットの利用環境において保護者は多岐にわたって重要な決定権を持っている。そこで，子どものケータイ・ネット使用に対する家庭の対応を見ていこう。

まず，親が決定権を持つフィルタリングの利用状況をみてみよう。モバイル社会研究所（2007）の調査によれば，小学校3-4年生では46.6%がフィルタリング機能を利用している。フィルタリング機能の利用は学年が上がるにつれて減少しており，小学校5，6年では44.3%，中学生では20.5%，高校では7.1%となっている。このように，その利用者は半数にも満たず，フィルタリング機能の活用がさけばれているほどには，利用者は多くない。

藤川（2008）は，フィルタリングの推奨とともに，親子間でケータイについ

てのコミュニケーションをとることを重視する．つまり，ケータイの利用についての約束事の取り決めである．モバイル社会研究所（2007）の調査結果をみると，小中高のすべての学校段階で，7割以上の家庭がケータイの利用に対し何らかの約束事を決めていることがわかる．

モバイル社会研究所（2007）によれば，料金の上限に関する約束では高校生が86.7％ともっとも値が大きく，また小学校3-4年では20.4％と学校段階が下がるにつれて値も小さくなっている．それとは反対に，ケータイを使う相手に関する約束では小学校3-4年が74.1％ともっとも多く，高校生では18.3％となっている．

以上のように，家庭ではケータイ・ネットを使用する子どもの年齢段階に合わせてそれに見合った対応がなされているということがわかる．つまり，学年段階が上がり交友関係がある程度増えていく過程でケータイを使用する相手を子どもの自主性に任せ，むしろ，通信料という経済的な側面により焦点が当てられていく．このように見ていくと，家庭では子どもの成長過程を考慮し，子どもとケータイの距離をうまく見守りながら対応していると言えるのではないだろうか．

しかし，地域に目をやると，地域全体の取り組みとして子どものケータイ利用を完全禁止にしようとする運動もある．これに代表される事例としては石川県野々市町の「プロジェクトK」（「子どもたち（小・中学生）に携帯を持たさない」運動）があげられる．このプロジェクトでは，ICカードによって子どもの状況が親にメールで知らされるシステムを導入することで，子どもにケータイを持たせたい親を説得し，ケータイの所有率を低下させているのだという（荻上2008）．

家庭における子どものケータイ・ネット使用をめぐっては，子どもたちの置かれた現状に合わせケータイ・ネットと上手に付き合おうとする姿勢と，ケータイ・ネットを必要としない環境を作り出し子どもからケータイ・ネットを隔離しようとする姿勢がみられる．子どものケータイ・ネット使用に対して，こ

の二極のあいだで，ジレンマを抱えながら様々な対応がなされていると言えよう．

3　子どものケータイ・ネット問題の妥当性

（1）「ケータイ・ネット問題」という神話
　第1節で見たように，今や数多くの児童生徒が携帯電話やパソコンを使ってインターネットを利用しており，その一方で，学校裏サイトやネットいじめ，有害情報・出会い系サイトなどがケータイ・ネット利用にまつわる問題として診断されている．しかし，このような問題に関する診断は，本当に妥当であるのだろうか．以下では，文部科学省による「子どもの携帯電話等の利用に関する調査」(2009年5月15日)をもとに，検討してみたい．
　まず，実際に子どもたちがケータイ・ネットを使うことによって巻き込まれたトラブルの経験についての調査結果についてみてみよう．なお，ここでの子どもはすべて携帯電話を所有している子どもたちである．
　トラブルに巻き込まれた経験については，「特にトラブルにあったことはない」が小6で62.9%，中2で28.3%，高2で27.6%であり，学年があがるごとにトラブルに巻き込まれた経験は増えている．
　また，巻き込まれたトラブルの経験で最も多いのは「チェーン・メールを送られた」（小6：21.6%，中2：60.4%，高2：57.1%）であり，次いで，「広告などの迷惑メールが送られてきた」（小6：10.0%，中2：20.1%，高2：32.7%）である．一方，①学校裏サイトや②ネットいじめに関連する項目「インターネットの掲示板やメールで悪口を書かれた」は，小6で1.7%，中2で6.0%，高2で9.4%と，決して高い数字ではない．また，③有害情報・出会い系サイトにかかわる項目「ネットで知り合った人と実際に会った（または会いそうになった）」についても，やはり高い数字ではない（小6：0.8%，中2：2.3%，高2：7.8%）．

次に，ケータイ・ネットを使うことによって子どもたちが自ら引き起こした問題行動について見てみよう．問題行動を「特にしたことはない」者は，小6で83.6％，中2で63.6％，高2で63.9％であり，学年があがるごとに問題行動の経験が増えているといえるが，決して問題行動を起こした経験が多いとは言えない数字である．

また，自らが起こした問題行動で最も多いのは，「チェーン・メールを他人に送った」（小6：6.1％，中2：22.7％，高2：24.0％）で，次いで，「携帯電話のカメラで，店の本や雑誌の一部を無断で写真に撮った」（小6：1.5％，中2：4.6％，高2：27.6％）である．「インターネットの掲示板やメールで悪口を書いた」も，ほぼ同水準である（小6：1.5％，中2：4.0％，高2：4.9％）．

この調査結果を見る限り，チェーン・メールを送ったり送られたりという経験はするものの，メディアが喧伝する「ネットいじめ」のような「掲示板やメールで悪口を書かれた」というトラブルを経験する児童生徒数は必ずしも多くない．この点は，第1節に掲げた被害経験率からみても言えることである．つまり，ケータイ・ネットによるトラブルの発生件数からみると，世間で問題視されているほど深刻な状況だとは言い切れない．むしろ，さまざまな事件と関連づけて，子どものケータイ・ネット利用が問題視され論じられることにより，その問題性が作り上げられ，あたかも自明的な事実，言うなれば「神話」としてとらえられているのではないだろうか．

これは，「ケータイ・ネットの利用によって若者の人間関係が希薄化した」という問題にもつうじるものである．たしかに，顔の見えないコミュニケーションが増加することにより，人間関係が希薄なものになるという筋書きは腑に落ちやすい．事実，ケータイ・ネットの普及が「引きこもり」の申請を助長しつつあるという指摘もみられ（小此木 2005），内閣府による意識調査（1997）では，情報化社会によって「人と人とのふれあいが少なくなる」と懸念する人が過半数を占めているという．しかし，この点については，辻・三上（2001）やモバイル・コミュニケーション研究会（2002）らによって，携帯電話・メール

の度重なる利用が青少年の人間関係の希薄化をもたらさず，むしろ濃密なものにすると，その問題化自体に疑義をはさんでいるのである．

（2）「ケータイ・ネット問題」への対応における神話

では，「ケータイ・ネット問題」に対する行政・学校・家庭の対応は，どれほどの効果を示しているのだろうか．前出の文部科学省調査をもとに検討してみたい．

まずは行政の対応として，フィルタリング機能の効果についてみてみよう．たとえば，「チェーン・メールを送られた」経験についてみてみると，小6においては，「フィルタリング有」と「フィルタリング無」で，それぞれ21.0%，22.3%と，1.3%の開きしかない．中2では57.5%と63.9%，高2では52.3%と58.2%と，若干開きは大きくなるものの，6%程度である．

また，「特にトラブルにあったことはない」という子どもについて，「フィルタリング有」と「フィルタリング無」で比較すると，小6では62.3%と59.1%，中2では31.1%と25.1%，高2では29.4%と27.0%であり，やはりその開きはいずれも小さいといえる．

すなわち，これらから読み取れることは，フィルタリング機能の効果は無いとは言えないものの，子どものケータイ・ネット利用におけるトラブルの有無をそれほど左右するものではないということである．

次に，学校における「保護者への啓発」の効果について検討していこう．すなわち，学校から啓発を受けた経験の有無によって，子どものネット使用に対して対応が異なっているのであろうか．

文部科学省の前出調査によると，インターネットが使えない設定にしたりフィルタリングをしている保護者について，啓発を受けた経験の有無で比較すると，小6で73.6%と56.6%，中2で52.2%と43.4%，高2で21.0%と19.2%となっている．つまり，啓発を受け学習した保護者の方が，アクセス制限やフィルタリングという対応をとる傾向にある．とくに，啓発を受けた小中学生の保

護者は，半数以上が子どものネット使用に対して対応を見せているのである．

ただし，インターネットに関する学習・啓発を「学校便り」や「保護者会やPTAの会合」など学校関係の機会から得たという保護者が，小中高いずれにおいても30％程度であるのに対して，「テレビや本・雑誌などで知った」という保護者は過半数を占めているのである．学校の対応よりも，マスメディアをつうじた各家庭・保護者自身の学習の方が相対的な効果を有しているのである．

このように，子どものケータイ・ネット問題に対する各対応は，必ずしも大きな効果をもたらしていると言えないのである．このことには，前項で示した子どものケータイ・ネット利用の実態に対する誤解も少なからず関係しているのであろう．

(3) 神話性を超えて

ここまで本節でふれてきたように，子どものケータイ・ネット利用にまつわる問題は，神話的に語られる側面がつよいといえよう．つまり，文部科学省の調査を取り上げただけでも，学校裏サイトやネットいじめに関わる児童生徒数（発生件数）が少数派であり，その点でいえばそれほど深刻なものではないのである．また，子どものケータイ・ネット問題に対する対応策については，必ずしも効果が大きいとは言えない状況である．言い換えれば，そこで有効とされている対応策にも，少なからず神話的な性質が含まれているのである．

このように，子どもの「ケータイ・ネット問題」に対する診断と対応策は，いずれもその妥当性を再検討する余地があるだろう．しかし，たとえ問題に巻き込まれる児童生徒数が少なくても，「ケータイ・ネット問題」が問題として語られるのはなぜなのか．フィルタリング機能で有害情報を子どもから遠ざけようとするのはなぜなのか．学校や家庭で対応に追われるのはなぜなのか．そこから，子どもに対する大人の意識についても考える必要があるのではないだろうか．

注

1）「勝手サイト」とはケータイ業界において用いられる，公式サイトとは別につくられたサイトに対する名称である（荻上 2008）．
2）「学校裏サイト」がまさにその典型である．荻上（2008）は，一般的にネガティブに語られる「学校裏サイト」と，「『学校』とそれに付随するテーマについて語り合う，関係者同士が利用する非公式」である「学校勝手サイト」を区別した．つまり，「学校裏サイト」が客観的に存在しているのではなく，既存の学校コミュニティを活性化させたり，退屈な学校空間を乗り切るために利用する目的のために開設された「学校勝手サイト」が，そこで，「いじめ」「誹謗中傷」を含む書き込みがなされたときに初めて，「学校裏サイト」としてネガティブに語られるのである．
3）　中学校に焦点を当ててみれば，学校へのケータイの持ち込みに関して完全禁止と原則禁止で条件付の許可（親の要求）を足し合わせた値は，全国調査を行った深谷・高旗（2008）の調査とほぼ同様の結果となっている．

第8章　子どもの遊びとキャリア形成

　昨今の子どもの遊びは，大きく変化してきた．ごっこ遊びで，お母さん役の子どもが料理している状況を見ているだけでも，その変化には著しいものがある．包丁で刻んだり，フライパンで炒めたり，焼いたりする調理のプロセスはない．お皿においしそうに必死に飾り付けて盛りつけた後での，「ねぇ，おいしそうでしょ．いただきましょうか」の台詞すらどこかに消え失せている．お皿に調理物を盛って，オーブンレンジに見立てた箱の中に入れ，1分もしないうちに，子どもは，「チーン，はいできあがりました」と食事のできあがった台詞を言っておしまい，となる．「さあ，お食べ！」とでも言いたいところであろうか．そして，皿を出した後はお母さん役の子どもとその他の役の子どもとのあいだで特に会話は見られず，彼らは一人ご飯を食べる役を演じるのである．なんともわびしいごっこ遊びの一コマである．

　このごっこ遊びでは，家庭での親子の生活がそのまま反映されているが，先に述べた一コマをみると，食育の分野で，個食，孤食と言われていることと相通ずるものがある．いまや「食事」も家族一人ひとりが，個別にすませるスタイルが主流になりつつある．食事を囲んでの家族のコミュニケーションがない時代に突入してしまっている．食事が，家族内での貴重なコミュニケーションの場とすれば，家族内でのコミュニケーションが欠けている現状から，教育や保育の場で「食育」が大切であるということもうなづける．現実生活の食事はすべて「チーン」で準備完了となる．食卓を家族で囲むこともない．それが，ごっこ遊びの様子をも「チーン」へ一変させてしまっている．「遊び」の中にもコミュニケーションがない．

本来，こうした「遊び」の中のコミュニケーション活動をとおし，子どもたちはお互いにさまざまなことを「学ぶ」のである．だが最近では，子どもたちの遊びもコミュニケーションが少ない貧困なものになり果てたこともあり，人間性豊かな環境のなかでの「学び」を提供する役割を，十分に果たせなくなっていると言えよう．

1　子どもを取り囲む環境の変化

（1）　電化製品の高度化——「お手伝い」機会の減少

　電化製品の高度化は非常にありがたいことではある．しかし，子どもの「お手伝い」を促すうえでは，かえって欠点が見られる場合も出てきた．たとえば，洗濯機では，ハンドルを回しての手絞りができなくなった．昔の洗濯機には洗濯物を二つの円筒形の筒の間を通して絞るためのレバーがついていた．そして，親から「ちょっと絞っておいて……」と言われれば，半ば遊び心を持って，遊びながら洗濯機のレバーを回して洗濯物を絞り，するめイカのようになった洗濯物を見ながら笑い転げたりした．そんな中で「お手伝い」が成立していた．

　調理の方もずいぶん変化した．昔であれば，ご飯を炊くのも，米の水とぎからはじまって，薪の火加減などに悩みながら「お手伝い」した．寒い日には，手の切れるような冷たい水で米をとぎ，薪割りをしてご飯の準備をした．室内は，けっして現代のように暖かくなく，火を使うということで，屋外といってもいいような土間などで準備した．時には外気にさらされていた．風呂焚きなども同様であった．暖めたり，炊いたり，蒸したり，焼いたり，炒めたりするといった調理は，現代は直火も使わずにできる電子レンジで，暖かい室内ですべて完了する．ガスの炎もへたをすると必要ではない時代になっている．火を使うのが人間の唯一の証であった時代が終わりを告げようとしている．

　このように，生活を取り巻く環境は大変便利になったのだが，一方では，子どもから，薪を割る，薪をくべる，包丁で切る，割る，フライパンで焼く，炒

める，洗濯物を運ぶ，物干しから洗濯物の取り入れるといった「お手伝い」を取り上げてしまった．同時に，その中で許されていた遊び心やいたずら心の満たされる「遊び」もどこかへ消失した．「遊び」心を満たす「お手伝い」のない現代の子どもたちは，親子の会話もない孤独の時間を過ごすようになった．孤独の時間に子どもが頼ったものは，マンガ，テレビゲーム，テレビ，ゲーム機などであり，そこには，友だちと過ごす豊かに輝く時間はない．友だちと遊んだり，いたずらしたりしながら，人としての成長をしていく豊かさが，子どもたちから奪い去られてしまった．つまり，子どもたちが健全に健やかに成長・発達させることを請け負う「遊び」も影を潜めてしまった．

（2） 外遊びを減退させているもの

　おまけに親から「包丁は危ないから，手を出さないでじっとしていてよ」，「外で遊んじゃ危ないから，外へ行かないように」，「あそこは危険だから，ひとりでは行かないように！」，「汚く汚してこないでね，洗濯が大変なんだから」，「外は暑い（寒い）から，お家で遊びなさい」といったことばが毎日のように子どもに浴びせられる．その親たちを支援するかのように，リスクマネジメントの専門家を名乗る人たちは，「外で遊ぶと危険がつきまとう」，「子どもの通学路，通園路には危険がいっぱい」と主張する．場合によっては，「危険（リスク）マップ」というあたかもそれらしい陳腐なものが作成されて，子どもたちをありとあらゆる場所から遠ざけようとする．子どもたちにとっては，格好の隠れ家や遊び場になるはずであった空間が保障されなくなってしまう．それと同時に，友だちと「遊ぶ」貴重な時間をも奪われてしまった．

　結果として，子どもたちは，おとなに気に入られた何の変哲もない「安全な」場所に囲われてしまっている．ケガをさせまいという大人の配慮であろうが，じつに嘆かわしい「過保護」な状況になっている．おとなの視点（「目のつけどころ」）だけが優先してすべての物事が決まっており，子どもの視点（「目のつけどころ」）が進入する余地はない．たとえば，公園にガラス片が落ちていた

ら，おとなの視点では，手を切ったりするから「危ない」と直結する．このような場合，本来，子どもの視点からでは，その「危ない」の前にキラキラして「美しい」ということに目がいって，その公園を「キラキラ公園」と名付けたりする．しかし，子どもの視点（「目のつけどころ」）すべてが，「安全，安心」という奇妙なことば（おとなの視点）の中に封殺されてしまう．

　今までなら，このような状況でも子どもたちは，遊びの空間をしたたかに見つけ出す名人であったが，現代の子どもにはその能力の片鱗さえもみることが困難である．また，「その隙間を見つける能力（好奇心やチャレンジ精神や「みつけたぞ」という得意げになる達成感など）」や時空間を制限されても，それにめげずに新たに見つけ出そうとするタフさやしたたかさえも残っていない．またたとえ，現代の子どもたちが，その能力を発揮し，適当な空間や時間の隙間を子どもたちが力の限りにみつけても，また，おとなたちの「安全，安心」ということばの前に挫折させられるのである．

2　遊びの指導を考える

(1)　自発性・主体性から始める「学び」

　子どもの遊びとは，自発的で主体的なものである．だが実際には，本来の意味でいう「遊び」とは言えないような「遊び」も数多く行われている．たとえば，「〜ゲーム」，「〜ゲーム遊び」といった「遊び」の場合，おとな（保育者）が「やろう！」と決め，遊びのルールや役割までもおとな（保育者）が教えて（指図して）行わせる場合が多い．これでは自発的でも主体的でもないので，本来の意味での「遊び」とは言いがたい．また，難しいことを容易におもしろおかしくして教えることなども，「遊び」とは言えないだろう．さらに，楽しいことをおとなしく聞かせ楽しませるというのも，おとな（保育者）が子どもを「お客さん」扱いしているという意味で「遊び」とは言いがたい．しかし，子どもの行う「遊び」の活動は単純で容易なものではなく，時には複雑で困難な

活動が見られる場合もある．たとえば，チャレンジしようとするような「遊び」がそうである．これらを踏まえると，子どもの取り組んでいる活動が「遊び」であるかどうかを判断するためには，それが「能動的」か，あるいは「受動的」であるかを注意深く見ていくことが必要になるのである．

　「遊び」を指導するというと，なにか矛盾していておかしいと感じることがある．その感覚はある意味鋭い部分がある．先に指摘した判断基準を，感覚的に把握しているからである．しかし，「遊び」を正しく理解すれば，その指導は矛盾することではない．つまり，自発性や主体性を確保した上で行われる活動は，「遊び」と位置づけても間違いない．その活動の中で，したたかな子どもの遊び心が満たされ，好奇心やチャレンジ精神が満たされ，ますます子どもたちの精神的なタフさを実現していくものであれば，それはすでに「遊び」である．そこには子どもの周囲にある環境が大きな意味を持ってくる．

　それでは，「遊び」をどのようにして指導すればよいのだろうか．まず，「遊び」は手先の技術や技能ではない．全人格的に体当たりするようなものである．とりあえず，「自発性」と「主体性」が備わったものであることは，先に述べたとおりである．つまり，子ども自身が「やりたい」と思っている活動かどうかである．

　指導のめやすは，その活動の中で行われる「学び」を中心軸にすえると理解しやすい．子ども自身が，その活動の中で他児とのコミュニケーションをつうじて相手の「生き方，考え方，感じ方」に触れ，さらにはそれを学び，自己を大きく飛躍させていくことができるかという点が指導の鍵になる．すなわち，「遊び」の中で「学び」を実現しているかということが重要なのである．子どもに限らず，人間は人とのかかわりの中で「学び」つづける存在である．

　指導の手立てとしては，子ども自身が「やりたい」と思っている活動から始めることになるであろう．子ども自身が「やりたい」と思える活動が見つかるかどうかが鍵になる．物的環境ならびに人的環境の中に，子ども自身がその見いだせるかどうかである．おとな（保育者）は，そのきっかけがふんだんにあ

る環境を用意する必要がある．たとえ，紙一枚でも棒切れ一本でも子どもの「遊び」のきっかけになる．水の一滴でも砂の一粒でも子どもに生かされるであろう．案外，このような時には，子どもは，他児や蝶などの動くもの，生き物に目がいきやすいものである．そうした訳で，自然環境は，子どもたちにとってなくてはならない「友だち」である．丸虫の一匹でも，毛虫でも，青虫の一匹でも，すぐにその題材をもとに子どもたちは「遊び」，「学び」はじめる．

（2） 自然環境の生かし方

ここまでに述べてきたように，現代の子どもたちを取り囲む環境は，文明の発展と引き替えに，自然環境から遠のいている．冷たい雨やほおをなでる心地よいそよ風などを子どもたちが体験することは，めっきり少なくなった．周りにいるおとなたちも，便利ではあるが，文明化された社会の中で忙しそうに社会を生きている．その社会は，繰り返したり立ち止まったりする無駄を許さない．みんな無駄なく（「遊び」なく）生活している．だから，誰も余裕がない．このような現代社会では，自然に育まれた生活の知恵，自然とともに暮らすことの知恵を子どもたちが身に付けることはめっぽう少ない．子どもを含め，おとなたちすべてが自然離れを起こしてしまっている．

そこで，ぜひとも人間から「自然」に近づこう．大いなる豊かな自然には，人間を豊かにしてくれるすべてが眠っている．

3　遊びに対する期待の高まり

（1） 遊びに対する「おとなの視点」

このように，子どもを取り巻く環境の変化により，子どもの遊びが変化したと考えられる．ただ，昔見られた「遊び」の環境を取り戻し，伝承的な「遊び」のみに子どもを留めることは，現実的な対応とは言いがたいところである．また，第1章第3節で紹介した「第1回子ども生活実態基本調査」（ベネッセコ

第8章　子どもの遊びとキャリア形成

ーポレーション実施）のように，かくれんぼやおにごっこ，あるいは海や山で遊んだ経験が，現在の子どもに必ずしも不足しているとは言いがたいデータが示されているのも事実である．

　とはいえ，前節で指摘したように，子どもの「遊び」を，子どもの好奇心やチャレンジ精神を発端としつつ，かつそれらを育むような「能動的」な活動だととらえる視点は，ついないがしろにされがちな重要な視点の1つである．子どもの遊びの内実を冷静に見定めながら，おとな（保育者）の指導・サポートが必要となるのである．

　この点について，本節では，また違った角度から「遊び」を考えることとしたい．すなわち，このような子どもの「遊び」に対するとらえ方自体についてである．たとえば，外遊びをする子どもの減少を，なぜおとなは問題視するのだろうか．また，なぜ家のお手伝いをしない子どもを問題だと考えるのだろうか．これは，単純に「昔はよかった」というノスタルジーだけではないだろう．つまり，子ども（子どもの遊び）に対して，おとなはなんらかの期待を寄せていると考えられるのである．

　そこで，まず，幼児期における「遊び」に込められた大人の教育的期待に着目することにする．この点について，2005（平成17）年の中央教育審議会（以下，中教審）答申「子どもを取り巻く環境の変化を踏まえた今後の幼児教育の在り方について――子どもの最善の利益のために幼児教育を考える――」から引用しておこう．

　　　幼稚園教育は，幼児期の発達の特性に照らして，幼児の自発的な活動としての「遊び」を重要な学習として位置付け，幼稚園教育要領に従って教育課程が編成され，適切な施設設備の下に，教育の専門家である教員による組織的・計画的な指導を「環境を通して」行っているものである．
　　　幼児は，遊びの中で主体的に対象にかかわり，自己を表出する．そこから，外の世界に対する好奇心が育まれ，探索し，知識を蓄えるための基礎

が形成される．また，ものや人とのかかわりにおける自己表出を通して，幼児の発達にとって最も重要な自我が芽生えるとともに，人とかかわる力や他人の存在に気付くなど，自己を取り巻く社会への感覚を養っている．
　　このような幼児期の発達の特性に照らして，幼稚園では，幼児が自由に遊ぶのに任せるのではなく，教員が計画的に幼児の遊びを十分に確保しながら，生涯にわたる人間形成の基礎を培う教育を行っている．

　このように，「遊び」は子どもの創造性や協調性をはぐくむものであり，社会的活動の第一歩としての役割を担うものであると捉えられているのである．だからこそ，子どもたちの自発性や主体性を確保した「遊び」になるよう，おとな（保育者）の教育的配慮が必要だというのである．つまり，「遊び」イコール「協調性や創造性をはぐくむ活動」というように，「遊び」のなかに教育的意義を見出すのは，あくまでも「おとなの視点」なのである．第1節で挙げた「きらきら公園」と名付ける「子どもの視点」は，子どもの感受性の豊かさを示す好例であるが，こうした見解に立てば，子どもの豊かな感受性をはぐくむ役割を「遊び」のなかに求める「おとなの視点」を内包しているともいえるのである．
　このような教育的期待を念頭に，幼児における「ごっこ遊び」について考えよう．本章の冒頭に挙げた「ごっこ遊び」は家庭における親子の食事風景であるが，子どものなかでは，そのほかにもさまざまな「ごっこ遊び」が成立する．おとな社会の一部を取り出し，子どもたちが何らかの役割を演じ，その相互作用のなかで子どもたちは楽しむのである．その一例として，ここでは「お店屋さんごっこ」をする子ども（A）とおとな（B）のやりとりの一部を想定してみよう．

　　　Ａ１：「いらっしゃいませ．どのケーキにしますか？」
　　　Ｂ１：「おすすめのケーキはなんですか？」
　　　Ａ２：「えっと，今日はですねぇ，イチゴのケーキと，チョコレートのケ

ーキがおすすめです.」
　Ｂ２：「じゃあ，イチゴのケーキと，チョコレートのケーキを３つずつく
　　　ださい．これで，ケーキは何個になりますか？」
　Ａ３：「えっと……，６個になります.」
　Ｂ３：「６つですね．じゃあ，それでお願いします.」
　Ａ４：「わかりました．ほかにもかわいい洋服がありますが，どうです
　　　か？」
　Ｂ４：「ケーキ屋さんで洋服も売ってるの？？……どんな洋服があるんで
　　　すか？」

　この「ごっこ遊び」において，おとな（Ｂ）にはどのような教育的な期待や意図があると読み取れるだろうか．たとえば，次のような期待が見出せないだろうか．
　①Ｂ１では，「ごっこ遊び」の主導権を子どもに持たせ，子ども自身に流れをつくらせようとしている．すなわち，主体的な活動を期待している．
　②おなじくＢ１では，子どもにどんなケーキがあるのか想像させ，それを表現できることを期待している．
　③Ｂ２では，数の計算（両手を使ってできる程度の計算）を習得してほしいという期待がみられる．
　④Ｂ３では，「６個」を「６つ」と言い換えることで，ものの数え方の理解を期待している．
　また，Ａ４では，ケーキ屋で洋服を売るというリアリティに欠けた設定に発展しようとしているが，これに対してＢ４では，その創造性にまかせ，その設定を受け入れているのである．もしここで，「ケーキ屋で洋服を売るのはおかしい」と訂正すると，その訂正は子どもの創造性や主体性よりも，「リアリティの追求」（現実を理解してほしいという期待）を優先したことになるのではないだろうか．こうして考えると，おとなは子どもにさまざまな期待を向けているが，

子どもとのかかわりの中で，その都度何かを優先させて対応しているともいえよう．

師岡（2003）は，遊びの教育的効果を認めつつ，それゆえに次のように指摘する．「ただ大人，特に保育者などはこの効用ゆえに遊びが大切だ，ととらえることが多い．結果，遊ぶ当事者である子どもがおもしろさを感じる行為を無視したり，否定することもある．そして，保育・教育的な願いにかなったものだけを重視しようとする．言い換えれば，『良い遊び』と『悪い遊び』を仕分けるということである．」と（師岡 2003, 93頁）．

「リアリティの追求」を子どもの遊びに求めてはいけないということではない．子どもの遊びに向けられた「大人の視点」に関して，おとな自身が自覚し内省することが求められているのである．

（2） 早まるキャリア形成への期待──「ごっこ遊び」から「キャリア教育」へ

では，「大人の視点」を内省するうえで，ここでは「ごっこ遊び」と「リアリティの追求」に注目し，昨今のトピックとしてキッザニアに注目しよう．キッザニアとは，主に3－15歳の幼児および児童を対象としたしごと体験型の商業施設であり，日本には2006年10月に東京につくられ，2009年3月には兵庫（甲子園）でもオープンしている．そこには本物そっくりのお店や施設が立ち並んだ1つの街が構成されており，その街にある80種類以上のしごとの中から，子どもたちはさまざまなしごとを体験することができ，その働いた分だけ「キッゾ」というキッザニア独自の通貨で給料をもらうのである．その「キッゾ」を使って，その街で買い物をしたり，あるいは銀行に口座を開いて貯める（次回来た時に使う）こともできる．まさに，日常の社会（しごと社会）の縮図として，そこに「街」が形成されているのである．

つまり，このキッザニアは，各家庭や幼稚園等で行われている「ごっこ遊び」に，よりリアリティさを求めているしごと体験型施設なのである．ではここで，この施設に着目しつつ，「キャリア形成（教育）」と「早期教育」という

観点から考えてみたい．

　まずキャリア形成（教育）についてであるが，三村（2008）によると，「戦後の職業指導は，中学校から始められ」ており，「職業指導は後に進路指導と改められるが，小学校教育から外されたこの進路指導の一部である『進路』でさえ小学校学習指導要領にはこれまで一度も顔を出すことはなかった」（三村2008, 2-3頁）という．すなわち，将来の職業や進路に関する指導は，小学校以前の教育には求められていなかったということである．

　その転機は，「キャリア教育」という言葉の登場によって訪れる．1999年の中教審答申においてはじめて，「学校と社会及び学校間の円滑な接続を図るためのキャリア教育（望ましい職業観・勤労観及び職業に関する知識や技能を身に付けさせるとともに，自己の個性を理解し，主体的に進路を選択する能力・態度を育てる教育）を小学校段階から発達段階に応じて実施する必要がある」と明示されたのである．

　また，2004年の『キャリア教育の推進に関する総合的調査研究協力者会議報告書——児童生徒一人一人の勤労観，職業観を育てるために——』では，キャリア教育について，「『キャリア』概念に基づき『児童生徒一人一人のキャリア発達を支援し，それぞれにふさわしいキャリアを形成していくために必要な意欲・態度や能力を育てる教育』ととらえ，端的には『児童生徒一人一人の勤労観，職業観を育てる教育』」と定義づけられている．

　つまり，小学校から各学校段階・発達段階に応じて，児童生徒一人一人の勤労観および職業観を育てることが，キャリア教育として求められているのである．

　ここで，話を「早期教育」に移してみよう．椎名（2003）は，知的発達を中心とした「早期教育」が大衆化した背景について考察している．それによると，日本についていえば，1960年代，高度経済成長を果たし，子どもの教育に費用をかけられる家庭が生まれ，教育投資が1つのステイタスとして考えられはじめた．そうした経済的な要因の一方，子どもの教育や進学の面では，高校進学率が上昇し，受験戦争が激化するなか，ますます受験に特化した教育が過熱し

ていたのである．このような時代背景のなかで，「将来わが子には少しでも楽をしてもらいたい」というやさしい親が増え，「子どもは，本来高い学習能力を持っている」という「能力ある子ども」観もくわわって，「子どもは誰でも，適切な教育を施すことで能力を伸ばせる，それも早いほどいい」（椎名 2003, 53頁）というメッセージが広まったというのである．

さて，ここでキッザニアの方に話を戻そう．キッザニアはしごと体験型施設であり，まさに「キャリア形成」に大きく関連している．キッザニアについて取材をした『児童心理』編集部（2008）は，「そこでの活動については職業的な教育に直結することを期待するよりも，働く楽しさを感じる体験と考えた方がよいだろう．しかしながら，子どもたちが少なからず"仕事"へのイメージを膨らませられるのは間違いない」と指摘している（『児童心理』編集部 2008, 103頁）．いろいろな職業を知り，働くことについて考えるきっかけになるという勤労観・職業観の形成に関して，効果が見出されるのである．

また，学習指導要領ではキャリア教育が小学校段階にまで広がりを見せているが，キッザニアでは小学生のみならず，3歳から6歳の幼児もその対象に含んでいるのでおり，「早期教育」とも関係しているといえよう．

すなわち，「キャリア形成」にかかわっていえば，「勤労観や職業観を身につけさせたい」という心理が，また，「早期教育」に関しては「キャリア形成は早ければ早いほどよい」という考えが，キッザニアの利用者（保護者）の心理に見え隠れするのである．キッザニアのしごと体験を「ごっこ遊び」と位置づけるかどうかにかかわらず，この施設を利用する保護者には，「かけがえのない子ども，有能な子ども」のために，早くからリアリティを伴ったキャリア形成上のサポートをしたいという思いがあると考えられるのである．

だが決して，キッザニアやその利用者が悪いと言っているわけではない．古賀（2008）は，「現代では小学生時代であっても将来を展望する意欲が非常に必要とされているといえ，実践的な『キャリア教育』のスタートはしだいに早まってきていると考えられる」と指摘している（古賀 2008, 37頁）．現代において，

このような商業施設がつくられ、しかも実際に多くの親子が利用しているのは、多くのおとなの期待を反映した、まさしく時代のニーズなのだろう．

ただ繰り返しになるが、ここで考えたいポイントは、子どもの「ごっこ遊び」や体験をサポートするおとなが、子どもに何を期待しているのか、常に反省的でありたいということである．

4　「ごっこ遊び」の現状にみる問題点

本章の冒頭で挙げた「ごっこ遊び」は、会話のない殺風景な食事場面の典型例であるが、では実際に、親子一緒に食事をしない子どもはどれくらいいるのであろうか．『平成17年 国民健康栄養調査』によると、夕食を家族と食べる子ども（3-6歳）は、どの年齢も97％前後であるが、朝食を家族と食べる子どもは、3歳で76.8％と最も高いものの、6歳では52.6％にまで落ち込んでいる．3-6歳を合わせると、37.5％の子どもが、子ども一人あるいは兄弟（姉妹）だけで食べている結果になるのである．

さて、このデータをどのように読み取ればよいだろうか．朝食を親子一緒で食べない家庭が、親子のコミュニケーションも食育も十分でない家庭だとは必ずしもいえないだろう．就業形態や帰宅時間など、各家庭の事情はさまざまであり、一緒に食事を取りたくても、それがままならない家庭もある．「ごっこ遊び」に反映される家庭や社会の変化に目を凝らしつつも、その背景にある社会上の問題にも目を向ける必要があるのである．

また、キッザニアのようなしごと体験型施設を利用する子ども（家庭）は、どのような子ども（家庭）だろうか．キッザニアの入場料金は、こども（3-15歳）が3100—4300円（休日／平日、時間帯によって異なる）、大人（16歳以上）が1800円となっている（2010年4月1日から適用）．子ども料金については、東京ディズニーランドやユニバーサル・スタジオ・ジャパンとほとんど変わらない料金設定なのである．休日の外出先としてこうした商業施設を選ぶ家庭には、教育熱

の高い家庭，しかもそれだけ子どもにお金をかけることのできる家庭が多いのではないだろうか．

このように，「ごっこ遊び」にしても「しごと体験」にしても，階層差の問題と切り離して考えることは難しいのではないかと考える．子どもたちの普段の自主的・主体的な「ごっこ遊び」をどう見守り，早まる子どもたちのキャリア形成（教育）に対してどう関わっていくか．そうした問題もさることながら，社会全体が抱える問題点にも意識的である必要があろう．

第9章　大学におけるキャリア教育

1　キャリア教育の現状

(1)　大学生の「生徒化」

　最近の大学生は，自分のことを「学生」ではなく，「生徒」と呼ぶようになってきたといわれる（武内編 2005）．もともと，大学の在学者は「学生」であり，高等学校・中学校の在学者は「生徒」というように呼称が分かれている．これは，高等学校までの教育機関が，学習指導要領によって定められた共通の学習内容を扱い，生徒もその内容を身につけることが目指されるのに対し，大学では，「正解」のない内容について，学生が自主的な学習を通して学んでいくという，スタイルの違いがあることを示しているといえる．しかし，呼称の変化からもうかがい知れるように，最近は，大学生にとって，「学生」も「生徒」も大きな違いはなくなっているようである．実際，近年の大学生の傾向の1つとして，「生徒化」といわれる状況が進んでいることが指摘されている．

　大学生の「生徒化」とは，大学生が，「大人に従順で，自主性が乏しく，与えられた目標を素直に受容する性行」（武内編 2005, 18頁）を強めていることを指す．武内らの調査（武内編 2003, 2005など）によれば，近年，大学生の大学への出席率が上昇し，「学業・勉強」重視の大学生が増加しているという．

　しかし，そうした彼らの学習行動に，必ずしも自主性が伴っているわけではない．学習に対しては，「まじめ」に取り組むものの，あくまでそれは教員から指示がでた場合の受け身の行動である．つまり，現在の大学生は，従来より

も中・高校生により近づいた「生徒化」した存在になっていると考えられるのである．

こうした大学生の質的な変化は，彼らの大学に対する要求としても表れている．大阪大学大学院人間科学研究科教育技術開発学研究室編（2004）によれば，大学生が教員からもっと指導を受けたい内容として，「授業の履修について」，「勉強の仕方について」，「進路について」，「就職活動について」といった多様な項目が挙げられるという．現在の大学生は，「大学の大衆化により，高校までの教育機関と大学との違いを大学生が認識しなくなって」（大阪大学大学院人間科学研究科教育技術開発学研究室編 2004，86頁）おり，大学に対する支援の要求も年々，多様かつ質の高いものへとシフトしてきていることがうかがえる．

本章では，こうした多様化する大学生の支援要求の1つとして，大学におけるキャリア教育に着目する．大学におけるキャリア教育は，大学生からの要求はもとより，政府の強力な後押しを得て，近年個々の大学において実践が積み重ねられてきている．しかし，その一方で，多くの課題も残されている．そこで，本章では，キャリア教育の現状と課題とに大きく分け，その様相を検討することとする．

（2） キャリア教育の導入

先述したように，大学におけるキャリア教育実施の背景の1つには，大学生の質の変化とそれに基づく彼らの要望の高まりが挙げられる．しかし，キャリア教育の実施には，学生だけでなく，政府側の強い要望も反映されている．政府側の要求は，大学に限らず，あらゆる段階の教育機関においてキャリア教育の実施を求めるものであるが，大学におけるキャリア教育も，その流れの影響を大きく受けている．

「キャリア教育」という言葉が，初めて文部科学行政関係の審議会答申等で登場したのは，中央教育審議会答申「初等中等教育と高等教育との接続の改善について」（1999）であった（小山 2006など）．そこでは，現状の学校教育と職業

生活との接続の問題点として，新規学卒者のフリーター志向や，新規学卒者の就職後3年以内の離職率の高さが指摘され，それらの対応策として小学校段階からのキャリア教育の重要性が説かれた．ここで求められたキャリア教育とは，「望ましい職業観・勤労観及び職業に関する知識や技能を身に付けさせるとともに，自己の個性を理解し，主体的に進路を選択する能力・態度を育てる教育」のことであった．そして，キャリア教育実施のため，「インターンシップの促進」，「キャリアアドバイザーの配置」，「進路に関するガイダンス」，「カウンセリング機能の充実」とともに，「生徒等の職業適性や興味・関心を適切に測定する方法の研究・開発を進めていくこと」が求められた．

　この答申を契機とし，その後，続々とキャリア教育を推進する施策が示された．2000年には文部省「キャリア体験等進路指導改善事業」が開始，翌2001年には文部科学省「キャリア教育実践モデル地域指定事業」が開始された．2003年には，若者自立・挑戦戦略会議「若者自立・挑戦プラン」が発表され，文部科学省「キャリア教育総合計画」も策定された．また，2004年には，文部科学省「キャリア教育の推進に関する総合的調査研究協力者会議』最終報告が示され，若者自立・挑戦戦略会議「若者の自立・挑戦のためのアクションプラン」が発表，文部科学省「キャリア教育推進地域指定事業」も開始された．さらに，2006年には，現代GPに「総合的キャリア教育の実践」のテーマが新設，文部科学省「キャリア教育実践プロジェクト」の開始，加えて，文部科学省「小学校・中学校・高等学校キャリア教育推進の手引き」が発表された．こうした政策展開は，ここ数年の間に政府がキャリア教育政策の整備を進めていることを示している．

　この一連の政策展開について，小山（2008）は特徴として次の3点を指摘する．1点目として挙げられるのは，キャリア教育政策の第一義的な目的が，若者の雇用対策にあるということである．これらの政策では，キャリア教育の対処すべき課題として，フリーター・ニートの急増や，「学卒無業者」の増加，若年層の離職率の高さ，あるいは若者の就業意欲の低下，職業観の未成熟の問

題が重要視されている．

　実際に，大学卒業者の就職状況をみてみると，平成20年3月に大学（学部）を卒業した者55万6000人のうち，「一時的な仕事に就いた者」は1万1000人（2.1%），「進路未決定者」は6万人（10.8%）となっている（平成20年度学校基本調査報告書）．フリーターやニートと呼ばれる人々は，この「一時的な仕事に就いた者」「進路未決定者」の中に含まれる．近年の就職率の上昇により，彼らの数は減少しているものの，依然としてフリーターやニートの存在は問題とされている．

　近年のキャリア教育政策の特徴の2点目として挙げられるのは，「文部科学省独自の施策ではなく，政府レベルでの『若者政策』の一環として展開」（小山 2008, 101頁）されていることである．それは，「若者自立・挑戦戦略会議」の発足以後，文部科学省のキャリア教育関連の施策が，政府の枠内で実施されるようになってきたことからも明らかであるという．

　また，特徴の3点目として挙げられるのは，「文部科学省が展開するキャリア教育施策のねらいが，若者に望ましい勤労観・職業観を身につけさせることに重点が置かれていること」（小山 2008, 101頁）である．そこでは，具体的な教育方法として，職場体験学習やインターンシップなど，地域社会での体験型学習が強調されている．

　これらをまとめれば，昨今の政府主導のキャリア教育は，ニートやフリーター，あるいは離職率の高い若者の問題を背景に，若者に「望ましい勤労観・職業観」を身につけさせることを目的として体験型学習を中心に実施されているといえるだろう．では，これらの政策展開を大学側はどのように受け止めたのだろうか．次にみていこう．

（3）　大学におけるキャリア教育の実践

　政府の強力な後押しのもと進められたキャリア教育は，大学側からも比較的友好的に受け止められた．むしろ，特に，安定的に良質な入学者を確保するこ

とが必要とされる私立大学にとって，キャリア支援の体制を整え，大学の「就職力」を高めていくことは喫緊の課題ともいえるものだった（上西 2007）．日本学生支援機構の調査（2006年6月30日発表）によれば，就職支援のためのガイダンス・セミナー等，就職試験対策のための無料講座を実施している大学は92.0％にのぼるという[1]．

現在，各大学によって実施されるキャリア教育は，様々な形態をみせている．たとえば，①インターンシップの実施，②キャリアセンターの設置，③キャリア教育を専らとする学部学科の設置，④適性検査・進路調査の実施，といった取組が挙げられる．それらの取組も，1999年の中教審でみられた「キャリア教育」（以下，括弧つきの「キャリア教育」は，「初等中等教育と高等教育との接続の改善について」における定義を指す）の考え，すなわち，「望ましい職業観・勤労観及び職業に関する知識や技能を身に付けさせるとともに，自己の個性を理解する」教育をカバーしつつ展開してきたといえるだろう．次に，これらの取組が，大学においてどのように実施されているのかみてみよう．

①インターンシップの実施

まず，インターンシップの実施であるが，日本におけるインターンシップとは，「学生が在学中に民間企業，地方公共団体，NPOなどで実際に就業体験をすること」を意味する（吉田・篠 2007, 136頁）．厚生労働省の調査によれば，現在インターンシップを実施している企業のプログラム内容は，「職場見学，社員の補助的な業務の体験にとどまるものから，社員と同様に基幹的な業務の一部を担当するもの，一定の課題に取り組むものなど」（厚生労働省 2005, 2頁）多様であるという．

こうしたインターンシップを実施する大学の数は年々増加している．文部科学省の調査によれば，実施率は，平成8年の17.7％（104校）から平成17年の62.5％（447校）へと急増している（文部科学省 2007）．

だが，なぜ，このようにインターンシップの実施が注目されるのか．企業が

インターンシップを実施する目的としては,「学生の職業意識・学習意欲の向上,実施企業の理解の深化・イメージアップの向上等を主目的とするものから,採用選考等を目的」(厚生労働省 2005) とするものまで様々である.一方,学生がインターンシップを利用する目的としては,「働くことがどういうものか体験したい」(80.3%),「就職活動全般に役立ちそう」(67.2%),「就職で希望する業務・職種の実務」(61.5%) の項目がアンケート調査において高くなっている(厚生労働省 2005).また,大学側が学生に身につけてほしいと特に期待するものとしては,「企業で働くことに関する感覚」(95.1%),「学習意欲の向上」(90.0%),「自分の適性や興味への理解」(90.0%) が挙げられる(厚生労働省 2005).企業,学生,大学各々が,それぞれの理由からインターンシップに対して期待していることがわかる.

しかし,インターンシップの普及とともに,その課題も指摘されるようになっている.その1つとして,企業が想定する学生像と学生の意識とのズレが挙げられる(厚生労働省 2005).企業の受け入れ担当者が,担当した学生に備えて欲しい能力としては,「明確な目的意識」(43.2%),「やる気」(33.2%) が高くなっている(厚生労働省 2005).だが,一方の学生がインターンシップを利用する目的は,「働くことがどういうものか体験したい」,「就職活動全般に役立ちそう」(厚生労働省 2005) といったものが多く,必ずしも特定の企業に就労したいという意欲のある学生がインターンシップを利用しているわけではないことが分かる.こうした意識のズレを反映してか,企業側の大学に対しての要望としては,「学生の目的意識を高めること」が75.1%と高い数値を示している.今後,大学・学生・企業との更なる連携が進められることが期待されている.

② **キャリアセンターの設置**

次に,インターンシップをはじめとしたキャリア教育を実施する主たる機関として期待される,キャリアセンターをみてみよう.キャリアセンターの多くは,それまで,就職課や就職部と呼ばれていた組織である.就職部などの事務

組織は，国公私立あわせ，9割以上の大学において設置されている（労働政策研究・研修機構 2006）．それらの組織の多くは，現在，キャリアセンターへと名称を変更し，インターンシップや就職ガイダンスの手配，企業の研究会，個別の面接などさまざまな支援を行っている．キャリアセンターは，大学におけるキャリア教育を実施する中心的機関だといえるだろう．

こうしたキャリアセンターへの名称変更の背景には，「卒業後の離職率の高さに対応して，就職の一時点だけでなく将来のキャリアを見据えた支援が必要だという認識の変化」（小杉編 2007，54頁）が挙げられる．これまで就職課や就職部で実施されてきた就職支援では不十分だと考えられ，キャリア教育の概念が積極的に導入された．それに伴い，組織の名称自体もキャリアセンターへと変更されたのである．

名称変更とともに，キャリアセンターにおける人員や予算の配分も変化した．近年，特に私立大学において，キャリアセンターに配属される専任職員や配分予算が増加傾向にある．労働政策研究・研修機構の調査によれば，就職指導・キャリア形成支援にかかわる組織において，1950－90年まで，卒業生100人当たりに対して配属される専任職員は平均1.0人であったのが，90年以降は平均1.9人となっている（労働政策研究・研修機構 2006）．また，卒業生100人あたりの「就職指導・キャリア形成支援の年間予算」は，私立大学で，1950－90年まで，平均259万円だったのが，90年以降は平均369万円へと増加している（労働政策研究・研修機構 2006）．スタッフの数や予算といった面において，キャリアセンターの充実がはかられていることがうかがえる．

しかし，大学のキャリア教育の拠点地として，より充実した支援を実施するため，キャリアセンターには，更なる展開も期待されている．労働政策研究・研修機構の調査によれば，今後の就職指導・キャリア形成支援の展開として，「教員の積極的な協力を求めたい」（76.1％），「キャリア教育についての正規の授業科目を設置・拡大したい」（63.0％），「職員のカウンセリングマインドを高めたい」（62.6％）などの項目が高くなっているという．今後，キャリアセンタ

ーは，更に職員の専門性を高めるとともに，大学全体を巻き込んだ就職支援を展開することが期待されている．

③ キャリア教育を専らとする学部・学科の設置

キャリアセンターは，全学を対象としたキャリア教育を実施する機関であるが，学部や学科に特化してキャリア教育を実施する取組も見られる．たとえば，「キャリアデザイン学部」や「総合キャリア学部」，「キャリアプランニング科」など，「キャリア」が掲げられた学部や学科の設置が近年相次いでいる．それらの学部，学科において，目標として掲げられる人物像はそれぞれ異なっているものの，いずれも学生のキャリア育成をテーマとした取組が行われている．

それらの取組の中には，自分らしい生き方をデザインし，それに必要な能力を育成することを目標として掲げる大学もある．そこで行われているのは，キャリア教育を生涯学習の一環として捉えたプログラムである．具体的には，まず，キャリア発達が各ステージに区切られる．すなわち，① それまでの生活経験を振り返る，② 自分とは何かを見極める，③ 世の中の仕組みを知り，自分の学ぶことが社会とどう結びついているのかを理解する，④ 社会の中で自分の進むべき方向を探索し具体的な努力をする，という四つのステージが設定される．その後，区切られたステージに応じてカリキュラムが設計される．そこでは，キャリアについて考える入学直後の合宿や，社会人としてのマナーを身につける講義，キャリアデザインについて学ぶ講義が用意され，それらを通して学生のキャリア育成が行われる．

こうしたキャリア教育を専らとする学部・学科の新設は，まだ実施されてから日も浅く，その校も少ない．そのため，今後，どのように展開し，キャリア教育をより充実したものとしていくか，注目が集まっている．

④ 適性検査・進路調査の実施

これまで，大学におけるキャリア教育の内容の1つであるインターンシップ，実施機関であるキャリアセンター，および新たなキャリア教育の取組である学

部，学科の設置についてそれぞれみてきた．次に，それらと比しても大学におけるキャリア教育の取組が傾斜していると指摘される（梅澤 2007），適性検査・進路調査について検討したい．

現在，数多くの大学で，キャリア教育の一環として適性検査や進路調査が実施されている．たとえば，ある大学では，職業適性検査や進路希望調査が，大学入学後の早い時期から実施され，学生は希望とする職業を決定するよう促される．希望する職業が決まると，大学によって，その職業に就くために必要とされる授業やガイダンスなどの就職支援が実施される．現在，多くの大学において，適性検査や進路調査は，学生が自らの「適性」に沿った「理想とする職業」を決定するためになくてはならないものとなっている．

こうした適性検査・進路調査の実施は，特に学生側のニーズに沿って展開してきたという側面を持つ．東（2003）が，東京都内の私立大学生に対して実施した，職業を通しての自己実現を目指す意識についてのアンケート調査では，「本当に満足できる仕事につきたい」，「得意なことはもっと伸ばしたい」といった項目が高い得点を示している（東 2003, 127頁）．また，国立教育政策研究所による調査では，「職業決定に際し，本人保護者ともに『適性』，『自己決定』，『自己実現』が重要と考えていること」（国立教育政策所編 2007, 6頁）が指摘されている．大学を，自分の将来について考える場として捉え，職業決定に際して「適性」や「自己実現」を重視する学生の様子がうかがえる．キャリア教育の一環として実施される適性検査・進路調査の背景には，こうした学生側のニーズが隠されているといえよう．

確かに，自らの「適性」を探り，「自己実現」するための「理想の職業」を決定しようとする学生にとって，適性検査・進路調査は大きな助けとなるだろう．しかし，キャリア教育における適性検査・進路調査への偏重は，必ずしも好ましい結果ばかりを招くわけではない．次に，現在の大学におけるキャリア教育の課題についてみてみよう．

2　キャリア教育の課題と今後

（1）キャリア教育における「自分探し」

　キャリア教育の課題は，さまざま指摘されるところであるが，その中でも，特に学生に意識してほしい課題として，「自分探し」への偏重が挙げられる．昨今の大学における「キャリア教育」では，自分の個性や適性をもとに進められるプログラムが散在している．また，プログラムの主軸に据えられないにしても，SPI対策，職業適性検査などが多くの大学で重要視されている．確かに，現在の学生の状況を考えると，これらの支援は，学生のニーズに適合したものであり，学生の職業選択をより充実したものにするための有効な手段となりうるといえる．しかしながら，「自分探し」から職業選択を始めなければならないとする「キャリア教育」の在り方には，負の側面も含まれている．

　藤田（2006）によれば，自分の好きなこと，個性，適性などを把握しようとする自己理解には，「二つの陥穽（学生側の誤解）」があるという．第1は，「静謐に自己の内側を見つめれば，あるいは，科学的根拠に基づいた各種の検査を受ければ，『本当の自分』に出会えると思い込む学生」（藤田 2006，20頁）が非常に多いことである．そこでは，様々な経験を通して変化する自分が想定されていない．たとえば，インターンシップやボランティアを通して大学外での実体験を積むことを通して，より深い自己理解に結びつく場合が少なくないことが忘れられがちであるという．

　また，第2の陥穽として，「『自分探し』が往々にして『自分の個性と赤い糸で結ばれた天職さがし』にオーバーラップする点」（藤田 2006，20頁）が挙げられる．このオーバーラップによって，学生は，「突出した個性や適性や特技を自覚できなければ，そのアピールもできず，その結果やりがいのある仕事，天職と呼べる仕事にも出会えない，という自信喪失のスパイラル」（藤田 2006，20頁）にはまりこんでいくという．

同様の問題点は，高校生の進路指導の場面においても指摘されている．苅谷(2003)は，現在の進路指導では，「誰にでもなれる」ことを前提とした「誰でもないもの」が，「本当の自分」「本当にやりたいこと」を「内なる声」として探し求めることが重視されているという（177頁）．そこでは，次の2つが困難としてつきまとう．第1は，自分の適性ややりたいことを探すにも，その判断は実際の経験に基づくものではないということである．実体験の少ない生徒にとって，適職探しは，あくまでイメージに従った判断になりがちで，想像の中から，自分の適職を探さざるをえないのである．

　また，第2に，たとえ希望する職が決まったとしてもその進路につけるかどうかは自分だけで決定できないということが挙げられる．そのため，「本当の自分」「本当にやりたいこと」が見つかるはずだという前提を持ちすぎると，それを見つけられない生徒を問題視することとなる．また，「本当にやりたいこと」を見つけた生徒に対しては，たとえそれが社会的に実現困難であっても，受け入れざるを得ないという問題が生じるのである．

　これら藤田，苅谷の指摘から，キャリア教育における「自分探し」の危うさがうかがえるだろう．「自分探し」をキャリア教育の主軸に据えることは，それによって，さらに学生を深みにはまらせるという負の側面も持っているのである．ではなぜ，このように「自分探し」がキャリア教育の中心に据えられるようになったのだろうか．この動向は，溝上(2004)が指摘する，大学生の「生き方ダイナミックス」の変化の一環として位置づけられる．そこで，次に溝上の説明を参考に，現在のキャリア教育における「自分探し」についてみてみよう．

(2)「インサイド・アウト」としての「自分探し」

　現在の大学生の「生き方ダイナミックス」の変化を，溝上(2004)は，「アウトサイド・イン」から「インサイド・アウト」への変化だと表現した．昨今のキャリア教育に見られる「自分探し」は，「生き方ダイナミックス」が「イン

サイド・アウト」へと変化したことを如実に表しているといえるだろう．

まず，「アウトサイド・イン」から見てみよう．「アウトサイド・イン」とは，「『外』を基準として『内』的世界を形作る生き方ダイナミックス」（溝上 2004，70頁）のことである．「より高い社会階層に属する大人社会に参入することをプリミティブな拠り所とした上で，そこに至る過程でできるだけ自分に合っているもの，少しでもやりたいと思えるものを選び人生を形成」（溝上 2004，70頁）する生き方である．こうした生き方は，概して1980年代までの青年の生き方を表している[2]．

一方，「インサイド・アウト」とは，「自身のやりたいことや将来の目標を出発点として大人社会に参入しようとするダイナミックス」（溝上 2004，157頁）である．これは，「アウトサイド・イン」とは逆の生き方ダイナミックスであり，1990年代以降現代の青年の生き方を示している．

では，なぜ，青年の生き方は，「アウトサイド・イン」から「インサイド・アウト」へと変化したのだろうか．溝上（2004）によれば，1990年代以降の日本経済の構造的崩壊が大きな影響を与えているという[3]．

1991年のバブル経済の崩壊に伴い，日本企業，社会の在り方は根本からの変化を余儀なくされた．大企業に就職すれば，人生は安泰であるという神話は崩れ，能力別の賃金体系が導入，大企業の社員であってもリストラの対象とされた．日本の企業を特徴づけていた年功序列，終身雇用制度が崩れつつあった．

こうした経済構造の変化の中，学生は「アウトサイド・イン」の生き方から遠ざかった．「アウトサイド・イン」の生き方は，「算入すべき大人社会が，少なくとも職業世界としてはしっかりと力をもち体制化されていることを前提」（溝上 2004，149頁）としている．しかし，1990年代以降の日本経済の崩壊は，職業世界における大人社会の権威失墜をもたらした．「現代青年にとってアウトサイド・インすべき先の大人社会が不安定になり，かりにアウトサイド・インしても青年の将来，人生は大人によって必ずしも保証されなくなった」（溝上 2004，150頁）のである．そして，彼らが代わりに選択するようになったのが，

やりたいことから出発して自らの生き方を考える「インサイド・アウト」であった．

溝上（2004）は，このように，「アウトサイド・イン」と「インサイド・アウト」という概念を用い，現代大学生の生き方ダイナミックスの変化を説明する．この説明をもとに，現在の大学の「キャリア教育」における「自分探し」を振り返ると，それらは「インサイド・アウト」への生き方ダイナミックスの変化を背景に必要とされている取組であることがわかるだろう．

経済構造が変化した1990年代以降，多くの学生が価値を置いたのは，自分がしたいこと，あるいは自分の個性や適性といった内的な世界であった．大人社会の価値に合わせて自己を形成しても，それによって人生が保障されるわけではない．それぐらいなら，自己の要求からスタートし，大人社会へと参加する方が好ましいと考えられる．大学に対しても，同様の視点からの支援が求められた．すなわち，自分の個性や適性，あるいは興味関心といった「自分の探し方」をサポートする役割が，大学に期待されたのである．

しかし，先に指摘したように，「キャリア教育」において「自分探し」にばかり特化することは，大学外での実体験に基づく「リアルな自己理解」を阻害したり，天職探しによる「自信喪失のスパイラル」に陥ったりする可能性をはらんでいる．では，これらを考慮した上で，今後，どのような「キャリア教育」が必要とされるのだろうか．最後に，今後の「キャリア教育」について検討したい．

（3） 今後のキャリア教育へ向けて

これまで，大学におけるキャリア教育の現状と，それが内包する問題点についてみてきた．そこから，うかがうことができたのは，現在大学において実践されているキャリア教育は，学生，政府，大学のそれぞれの後押しを得て，機会や予算，スタッフを充実させているということ．しかし，その一方で，実施内容については「自分探し」へ偏重する傾向にあり，それによって，学生は進

路選択において「自分探し」の深みにはまる可能性があるということである．

では，どのようにすれば，こうした状況を回避できるのだろうか．たとえば，先に「自分探し」の陥穽を指摘した藤田（2006）は，教養科目の一環としてキャリア支援を行うことを提案している．「学生が将来担うべき社会が，どのように成り立ち，また，どのような問題を抱えているのかという基本的視点から，一社会人・一労働者としてもつべき社会へのまなざしと問題意識とを育成する新たな教養科目」の導入が必要だという（藤田 2006, 19頁）．

確かに，学生の目の前の就職のためという狭い意味でキャリア教育をとらえるのではなく，藤田が指摘するように，社会人・労働者になる身として社会に対する視点を育成するという幅広い意味でキャリア教育をとらえ，行っていくことが重要である．おそらく，こうした取組が「自分探し」へと迷い込まないキャリア教育の在り方へとつながっていくものと考えられる．実際，これまでみてきた「就職部」から「キャリアセンター」への名称変更や，キャリアを冠する学部・学科の実践からもうかがい知れるように，現在の大学におけるキャリア教育が目指すべき方向として，就職支援に特化しないキャリア教育の在り方は認識されつつある．

ただ，正課の授業として実施されるキャリア教育には限界点も指摘されている．これまで行われてきたキャリア教育に教養教育の考えを導入する取組の1つとして，初年次におけるキャリア教育が挙げられる．しかし，ある国立大学の学生に対してアンケート調査を行った葛城（2008）によれば，低学年次に授業として実施されるキャリア教育に対してニーズを感じている学生は半数にも満たないという．そのため，選択科目として提供されることの多いキャリア教育の授業では，「キャリア意識の低い学生をその対象とすることが困難」（葛城 2008, 330頁）であるという．

では，どのような展開が望まれるのか．最後に，今後のキャリア教育の展開として注目したいのが，キャリアプロフェッショナルの育成である．川喜多は，「キャリア支援は，『ふだんから，何を，どのように勉強していけばよいか』に

関する手段選択の合理化を学生にさせるものだとすれば，正課履修への指導を含むべきである。また，キャリア支援は，正課や課外活動のうち何に，どのように興味を持つか，その中から自分の向き不向きやスキルの蓄積を考えていくか，を学生に学ばせることと関連させねばならぬはずである」と述べ，教職員のスキルアップの必要性を述べている（川喜多 2007，227頁）。別個に，新しい「キャリア支援家」を育成するのは，予算の面からもまた支援技術の面からも困難な点が多い。そうではなくて，これまでも学生と関わってきた教職員が，「学生を社会人として育成する」という目標のもとに，大学の資源を把握し，それを学生に対して適切に紹介していく。そういった当たり前ともいえる支援を確実に行えるようになることが，現在の大学におけるキャリア教育に求められているのではなかろうか。また，そうしたキャリア教育を実現できる体制づくりが，大学の役割として重要となってくるのではないだろうか。

注

1） 独立行政法人日本学生支援機構「大学等における学生生活支援の実態調査結果報告」（2006年6月30日発表）。就職支援を実施している大学の内訳は，国立大学92.4％，公立大学84.4％，私立大学93.0％となっている。
2） 溝上（2004）によれば，1960年代までの青年の生き方ダイナミックスは「アウトサイド・イン」として説明されるが，1970年代に入ってからの人間形成のしかたは「アウトサイド・イン」を基調としながら「部分的に変わっていく」とも表現されている（147-48頁）。
3） 溝上（2004，148-59頁）。溝上は，1990年代以降の現代青年の人間形成の変化の背景として，経済構造の変化以外にも，「自らの価値観やライフスタイルを求める動き」（153頁）の高まりや，多元化・多様化する価値の中での教育プログラムを指摘している。

第10章 子どもタレントというキャリア

1 子どもタレントへの着目

（1） 立身出世から自己実現へ

　明治以降，「学事奨励ニ関スル被仰出書」(1873) で学問が「身ヲ立ルノ財本」であるとされ，公教育の普及が図られてきた．実際には公教育の普及にそれから数十年の歳月を要したのだが，立身出世の道として，学校教育が果たしてきた役割は大きいのである．それは，進学することによって立身出世できたという事実があるというよりむしろ，進学することによって立身出世できるという期待を，人々に抱かせたという点で大きいといえるだろう．

　そして戦後，農民階層子弟の進学増加を背景に，1960年代に高校進学率が上昇し，1974年には90％以上，大学・短大への進学率も1973年には30％に達している．そこに，学校教育に対する期待があったことはやはり否めない．たとえば，1960年代後半からは，「教育ママ」ということばが登場し，わが子の大学合格のため，ひいては将来の（就職の）ため，多くのエネルギーをつぎ込む保護者がクローズアップされている．つまり，保護者の教育熱が高騰したのである．

　しかし，こうした高等教育の大衆化のなか，たとえば「有名大学を出て有名企業に就職する」というような出世コースを思い描き，大学・短大への進学を考える者は少なくなっていると考えられる．むしろ，経済的に豊かな社会にあっては，アイデンティティの形成や「自分探し」を標榜に，「自分ならでは」

のキャリアを追求することが，多くの人々のあいだでひろく許容されている．さらに，少子社会にあっては，わが子のために，保護者は金銭的にも精神的にもますますエネルギーを費やしやすいと考えられる．

つまり，受験生のみならず，児童生徒は，立身出世を夢見てというよりも，「自分ならでは」の自己実現を達成したいという思いから，進学や就職を考える可能性があり，保護者もその考えの支持者となりうるのである．そして，そうした職業の1つとして，テレビ・タレントが挙げられるだろう．

（2） タレント＝あこがれの職業

テレビ・タレントは，若者にとって魅力的な職業である．ベネッセ教育研究所の調査（2004）によると，テレビ・タレント（歌手・声優・お笑いタレントなどの芸能人）は，男女ともに，小中高生の将来の夢の上位20位以内にランクインするほどのあこがれの職業である．若者のフリーター問題が叫ばれて久しいが，日本労働研究機構（2000）によるフリーターの3類型の1つには，「夢追求型」が挙げられており，その「夢」の多くは，バンドや俳優などの「芸能志向型」だという．また，この「夢追求型」のフリーターは，「やりたいこと」へのこだわりがつよいという．

ただ，あこがれの職業であるテレビ・タレントになるため，具体的にどうすればよいのかは，必ずしも明確ではない．養成所やオーディション，あるいはスカウトなど，タレントになるための経路はいくつか挙げられるが，タレントになるために必要な能力については，なかなか具体的なものが見えにくいのではないだろうか．それはよく，素質や才能，実力といったことばで表現され，あたかも先天的な適性で決まるかのように語られることも少なくない．ただ，岡本・福田（1966）は，タレントとは大衆的な才能の持ち主，とりわけ「マスコミをつうじて私たち大衆の心をとらえ，私たちを説得し，ときには私たちと話しあう」コミュニケーション能力を持った人だと指摘する（岡本・福田 1966, 3-4頁）．また鴻上（2006）は，俳優に必要なものとして「演技力（作者の言葉を伝

える技術)」,「自分の一番恥ずかしい部分,隠したい部分をさらけ出す勇気」,「広く浅いさまざまな知識」,「存在感（内面に積み上げたモノの総量）」,「自己プロデュース能力（自分に合った仕事を見つけ,自分を売り込む能力）」などを挙げており,さらに何よりも「夢を見続ける力」が大切だと述べている[1]．

　香山（2004）は,「自分は特別」という誇大自己をもつ若者が多いが,それを俳優やミュージシャンといった「何か具体的な職業イメージには結びつけることができない人」（香山 2004, 124頁）が増えていると,大学生のカウンセリングをとおして経験的に感じている．鴻上は「夢を見続ける力」について詳述していないのだが,そこには,具体的な職業イメージをもち,その一方で誇大な自己イメージを持たぬよう自己分析をする力が含まれていると考えられるのではないだろうか．つまり,鴻上が指摘する諸能力は,後天的な「努力」によって培えるものと捉えることができるだろう．

　とはいえ,こうした能力が必要だとしても,その能力の有無を判断するのは,また難題である．学校の成績や学力で測れるのか,違う判断方法があるのか,またそうした能力をいつ誰が見極めるのかは,なかなか容易な問題ではない．それでもなお,俳優などのタレントになるという夢を見続け,フリーターを続ける若者がおり,さまざまな指南書（たとえば,相徳 1999や山本 2001）が出版されるに至っている．本田（2005）は,フリーターの問題を考える際に,正規労働市場／非正規労働市場という二項対立図式だけでなく,実際になれるかどうか分からないテレビ・タレントのような特殊労働市場要因を考慮に入れる必要性を説いている．

　また,荒川（2009）は,こうした職業をASUC職業（つきたがる人は多いが,実際につける人は少なく,しかも高い学歴を要件とはしない職業）と位置づけ,高校教育における指導実態を精査に分析している．また,片瀬（2005）の調査によると,これらの職業に就くことを模索する中高生というのは,低学力の高階層出身生徒に多いという．そこには,勉学・学業という努力から逃避し,不確かな「実力」を拠りどころとして,華やかな職業（芸能関係）へと安易に進路選択をす

る中高生像が想起される．

このように，タレントという職業は，子どもにとってあこがれの職業であると同時に，それゆえに，フリーター問題やキャリア教育と切り離しにくいものである．とはいうものの，これまでテレビ・タレントに焦点を当てたアプローチがなされていないのも事実である．

（3） 子どもタレントの分析に向けて

このようなテレビ・タレントを含め，どのような職業を志向するにせよ，実際に子どもが職業選択や就職先選択に直面するのは義務教育修了後であろう．就職時期は，中卒後，高卒後，大卒後などさまざまではあるが，その職業決定が15歳以降になされていることに変わりはないのである．

だが，中学卒業を待たずに働いている児童生徒がいることもたしかであり，その代表格としては，子どもタレントが挙げられる．子どもタレントは，同世代の人々が憧れる職業にすでに就いており，（その後，転職するとしても，その時点では）職業選択を終えている状況にある．キャリア選択に悩む若者が多い昨今，早期にキャリア選択を済ませ，人気の高い職業に就いている彼ら彼女らは，まさに羨望の対象であろう．

では，この子どもタレントたちは，どのような人々なのであろうか．また，その後どのような経歴を経ていくのだろうか．ここでは，タレントという特殊な職業に就く子どもに着目し，15歳以降にタレントになった人と比べ，その経歴にどのような特徴があるのかについて調べることとしたい．これは，（子ども）タレントに「結果的に」なり得た人々を調べるということであるため，どうすれば（子ども）タレントになれるのか，どんな能力を伸ばせば（子ども）タレントになれるのか，ということに対して回答を出すものではない．子どもの頃からタレント活動をするということは，デビュー時にその能力が後天的に伸長していたというよりも，先天的な才能や素質を見込まれて，あるいはデビュー後の能力開花を見込まれてのことかもしれない．だが，家庭背景などの帰属

的要因（出自）が関係しているとも考えられる．本章の焦点の1つは，（子ども）タレントになるチャンスがはたして平等に広く開かれているのかという点にある．

ただ，機会均等の検証に関して，佐藤（2000）は，「機会の平等が守られているかどうかは『後から』しかわからない」（佐藤 2000, 168頁）のであり，結果は保証されていないと指摘している．本章で行うタレント分析についても，職業選択の時点における検証は難しく，現在タレント活動をしている者に関して，「後から」の（限られたデータに基づく）検証にならざるを得ないことは，あらかじめ断っておきたい．

（4） 分析対象

まず，現在どれくらいのテレビ・タレントが活躍しているのか確認しておこう．「テレビ・タレント人名事典（第6版）」（日外アソシエーツ社，2004年6月発行）には，テレビや映画等の分野で活躍中の人物8500名超について，その生年や学歴・経歴などが記載されている．そのうち本章で分析対象とするのは，「活動分野」として「タレント」あるいは「俳優（女優）」のいずれかが挙がっている（以下，「タレント」と表す），1985年以前生まれの3773名である[2]．このうち中学校卒業前にタレントデビューした者を対象としたいが，デビュー年齢しか把握できないため，1つの目安として，15歳になる前（14歳まで）に芸能界デビューを果たしているタレントを「子役出身タレント」と設定する．ちなみに，分析対象外となる15歳にデビューしたという者は125名であった．

なお，この人名辞典の掲載基準は明確にされていないが，発行の前年（2003年）にテレビにある一定以上登場した者，およびそれまで継続的にテレビで活躍してきた者と推察される．網羅的にではないが，学歴など多くのデータが記載された書籍であり，タレント分析を試みる資料として，十分な価値があると考えられる．

生年やデビュー時の年齢，出身地，学歴などのデータがすべて揃った者は必

ずしも多くはないのだが，15歳になる前からタレント活動をしている者は259名である[3]．

（5） 分析の視点

　変数としては，①生年，②出身地（首都圏，京阪神・愛知，地方），③学歴（大卒・短大卒），④デビュー時期（子役出身か否か）を取り上げる．

　図10-1に示すように，タレントデビューに至る年齢はさまざまである．たとえば，中学校卒業前と卒業後，高校在学中と高校卒業後，大学在学中と大学卒業後など，教育段階との関係においてもいくつかの区分が可能である．この図10-1では，子役出身タレントの分析について示しているが，分析の視点は，大きく2つある．1つは，本人の出自が（子ども）タレントというキャリアに影響しているのかという点である（矢印A）．タレントには，素質や実力があれば誰でもなれるというイメージがあると推察される．言うなれば，その機会は皆に開かれているということである．

　機会均等に関しては，本来，さまざまな要因を考慮する必要があるだろう．だがここでは，タレントになるのに，①出身地が関係あるのか，②親の職業（親（祖父母）が芸能関係である（あった）こと）が関係あるのか，という2点につ

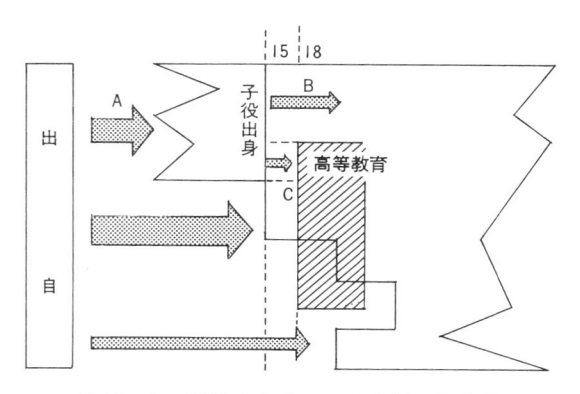

図10-1　子役出身タレント分析の概念図

いて，生年（世代）による差異も考慮しながら検証したい．

　もう1つは，子どもタレントデビューからの経歴，具体的には大学・短大への進学についてである．子どもタレントとしてデビューして以来活躍しているタレントが，その間どのような経歴をたどっているのかは実に多様であろうが，ここでは，タレント活動を続けながら，大学・短大に進学したかどうかについて検証したい．初職としてタレントに就き，大学・短大に進学せず，そのままタレント活動を続けるというのが，図10−1中のBの経路である．

　他方，図10−1中のCは，タレントデビュー後に大学・短大に進学する経路である．大学・短大に進学するという場合は，鴻上（2006）の言う「浅く広いさまざまな知識」（いわば教養）を身につけようという意図，「存在感（内面に積み上げたモノの総量）」（いわば人生経験）を身につけようという意図，あるいは「演技力（作者の言葉を伝える技術）」を身につけようという意図などが関係するといえるかもしれない．その具体的な進学の意図までは本分析データから把握できないのだが，何らかの目的をもち進学したと考えられるだろう．

　「タレントに学歴は必要ない」とはよく耳にする話であり，中高生は芸能関係が学歴を必要としない職業だととらえがちである（片瀬 2005）．だが，すでにタレントデビューしている者の，大学・短大への進学動向はどうなっているのだろうか．

2　子役出身タレントはどんな人か

(1)　子役出身タレントの内訳

　1985年以前に生まれた「タレント」および「子役出身タレント」の内訳は，以下のとおりである（括弧内は「子役出身タレント」の人数）．

　①性別
　　男性：1765（80）名，女性：2008（179）名

② 生年（世代）
- (a) 1945年以前生まれ（戦前生まれ）：610（35）名
- (b) 1946 - 60年生まれ（幼少時にテレビにあまり親しんでおらず（1953年テレビ放送スタート），15歳（18歳）時に高校（大学）進学率上昇期を迎えた人々）：747（31）名
- (c) 1961 - 70年生まれ（幼少期からテレビに親しみ（1962年時のテレビ世帯普及率48.5%），15歳時に高校進学率が90%を超えていた人々）：822（33）名
- (d) 1971 - 85年生まれ（1975年にはカラーテレビが90%超普及し，テレビに慣れ親しんだ人々）：1594（160）名

③ 出身地
- (a) 首都圏（東京・神奈川・埼玉・千葉）：1835（171）名
- (b) 京阪神・中京圏（京都・大阪・兵庫・愛知）：626（38）名
- (c) 地方[4]：1167（46）名

これらの分布から，次のことが指摘できる．まず，子役出身タレントは女性の比率が高いといえる．全体での男女比がほぼ同等であるのに対して，子役出身者の比率はおよそ1：2（80：179）なのである．このことから，男子よりも女子に子どもタレントとしての需要が高く，デビュー機会が多いことがうかがい知れる．

また，1971 - 85年生まれにおいて子役出身タレントの比率が高いため，子役タレントに対する需要は近年増大傾向にあると読み取れる．そのほか，子役出身タレントが40歳・50歳と芸能界で継続的に活躍することが厳しいという読み取り方もできよう．

出身地については，首都圏出身が子役出身タレントの3分の2を占めており，都市部の子どもが有利であることが看取できる．

なお，デビュー時期についてもふれておこう．デビュー時期は，0 - 5歳が13.9%，6 - 11歳が30.1%，12 - 14歳が56.0%と，中学生になってから（早く

ても小学6年以降に）デビューした者が多く，生年区分別にみると，この傾向はつよまっているのである．

（2） 子どもタレントの出自
① 出身地について

子役出身タレントに首都圏出身が多いことは先に述べた．ここではまず，その出身地について生年区分別にみておこう．**表10-1**に示すように，タレント全体では，いずれの生年区分においても首都圏出身者が約半数を占め，京阪神・中京出身者と合わせると，おおよそ3分の2を占めている（0.1％水準で有意）．ただ，1971年生まれ以降では，首都圏出身者で過半数を占め，地方出身者は3割を下回っている状況であり，今後，地方出身者にとって，タレントになることが狭き門になりつつあると推察される．一方，子役出身タレントについては統計的有意差がみられず，どの世代においても首都圏・京阪神・中京出身者で約8割を占めているのである．すなわち，いつの時代も，首都圏を中心とした都市部出身の子どもタレントが多いのである．

首都圏，京阪神・中京，地方のあいだで子役出身タレントの比率に大きな差があることは，どのように解釈できるであろうか．1985年における15歳未満の人口は，首都圏で629万2458人，京阪神・中京で498万4641人，それ以外の道県で1475万6119人であった（総務省統計研修所編より）．戦後，都市部とりわけ首都

表10-1　生年別にみた出身地

	首都圏	京阪神・中京	地方	N
〜1945	49.3(61.8)%	17.6(14.7)%	31.1(23.5)%	586(34)
1946〜60	42.4(54.8)%	18.0(25.8)%	39.6(19.4)%	710(31)
1961〜70	49.1(78.8)%	18.6(9.1)%	32.3(12.1)%	796(33)
1971〜85	55.6(68.2)%	16.2(14.0)%	28.3(17.8)%	1,539(157)
全　体	50.6(67.1)%	17.3(14.9)%	32.1(18.0)%	3,631(255)

注：カッコ内は子役出身タレントに関する数値である（表10-4も同様）．

圏に人口が集中してきたことを考えると，1985年以前では首都圏の比率はいくぶん低かったと考えられる．つまり，この人口比率と子役出身タレントの比率とを見比べると，子どもタレントになる機会が出身地に関係なく均等に開かれているとは考えられにくいのである．

この点について，1つには，首都圏の子どもの方がオーディションやスカウトなど，タレントになれる機会にアクセスしやすいという解釈も成り立つだろう．あるいは，首都圏での生活文化とタレント文化とが親和的であるために，首都圏の子どもたちはそうした文化に早くからなじむことで，タレントという職業に比較的踏み込めやすいとも考えられる．

② 親（祖父母）の職業について

芸能関係で働く親（あるいは祖父母）をもつタレントは，**表10－2**に示すように，15歳以降にデビューしたタレントで6.7％（153名）であるのに対して，子役出身タレントのなかでは13.5％（35名）と若干高い割合を占めている．13.5％ということは，親が芸能関係の職につくタレントのうち，15歳までにデビューした者は7－8人に1人いる計算なのである．なお，子役出身タレントの場合，1960年以前に生まれた40歳代以上において，こうしたいわゆる「2世タレント」の比率が高いのである（**表10－3**）．

これらの分析結果からは，子どもタレントの市場が，首都圏を中心とした，

表10－2　子役出身タレントと親の職業の関係

	親がタレント	それ以外	N	
子役出身	13.5%	86.5%	259	**
それ以外	6.7%	93.3%	2,280	
全体	7.4%	92.6%	2,539	

注：表中の*は1％水準，**は0.1％水準で有意であることをそれぞれ示している（表10－3も同様）．

表10－3　生年別にみた子役タレントの親の職業

	親がタレント	それ以外	N	
～1945	31.4%	68.6%	35	*
1946～60	19.4%	80.6%	31	
1961～70	9.1%	90.9%	33	
1971～85	9.4%	90.6%	160	
全体	13.5%	86.5%	259	

いくらか世襲的で限定的な市場であると推察される．

（3） 子役出身タレントの進学

表10－4は，大学・短大への進学について生年別に示したものである．まず全体では，大学・短大に進学するタレントが49.0％とほぼ半数いることが分かるだろう．また生年区分別にみると，全体ではどの年代も40％を超えており，戦前生まれの年代でさえ44.1％となっている．日本の大学・短大進学率は，たとえば1945年生まれの人々が18歳を迎える1963年で15.4％，40％を超えたのは1993年，そして1985年生まれの人々が18歳を迎える2003年では49.0％である[5]．それと対比させると，タレントの進学率はどの世代でも上回っていること，とりわけ戦後の早い段階から大学・短大への進学者がきわめて多いことが明白である．

では，子役出身タレントはどうかというと，タレント全体の49.0％に比べて，大学・短大への進学者は33.8％とややその割合が低いのである（1％水準で有意）．しかも，どの年代においてもその割合は大きく変わるものではない．18歳人口全体の進学率と照らし合わせてみると，子役出身タレントの進学率は高齢層において比較的高いが，特段突出しているわけではないのである．つまり，図10－1中のBとCでいえば，Bの割合が高く，Cのルートをすすむ者は少ないのである．ただし，大学・短大への進学者が少ないとはいえ，その割合は増加傾向にあり，子役出身タレントの高等教育へのニーズが高くなっているとも

表10－4　生年別にみた大学・短大進学

	大学・短大進学	それ以外	N
～1945	44.1(28.1)%	55.9(71.9)%	578(32)
1946～60	49.7(29.0)%	50.3(71.0)%	684(31)
1961～70	51.8(30.4)%	48.2(69.6)%	599(23)
1971～85	50.5(40.7)%	49.5(59.3)%	543(59)
全体	49.0(33.8)%	51.0(66.2)%	2,404(145)

考えられるのである．

　次に，ヨコの学歴に注目したい．大学・短大への進学者のうち，演劇・芸術系の学部学科に進学した者はどれくらいを占めるのであろうか．その点について調べたところ，15歳以降にデビューしたタレントで8.2％，子役出身タレントで6.3％と，統計的な有意差は見られなかった（全体では8.1％）．なお，子役出身タレントに絞って，ヨコの学歴について生年（世代）別に調べてみると，演劇・芸術系の大学・短大に進学する者は，1970年以前生まれに限られていた．つまり，タレント全体をみると，大学・短大への進学経験のある者が約半数を占めているものの，演劇・芸術系の学部学科への進学経験があるのは1割にも満たないのである．しかも，子役出身タレントは，大学・短大に進学するとしても，演劇・芸術系を選ばなくなっているのである．

　ここで，子役出身タレントのうち，演劇・芸術系を選ばなくなった1971−85年生まれの者に注目しよう．この世代の子役出身タレントは59名おり，そのうち24名が大学・短大に進学しているのだが，そのうち，進学先が亜細亜大学であったタレントは37.5％（9名）に及んでいる．亜細亜大学は早くから一芸一能入試を導入し，タレントの高等教育進学に先鞭をつけたともいえる．つまり，従来の学力評価のみに依拠しない入学者選抜方式が導入されたことで，進学しやすくなったというとらえ方もでき，進学者増加の一因とも考えられるのである．ともあれ，子役出身タレントが大学・短大にどのような期待をもって入学したのかは別途検討が必要であろう．

おわりに

　以上，本章では，子どもタレント（15歳までにデビューし，18歳以降も継続的に活躍している子役出身タレント）という，稀少な「子ども」に焦点を当てて分析を試みた．その分析で明らかになったのは，主に次の点である．

① いつの時代も子どもタレントは，首都圏をはじめとして都市部から出やすい．
② 親（祖父母）の職業が芸能関係であるタレントは，15歳までにデビューを果たす傾向にある．
③ 大卒・短大卒のタレントは多いが，15歳以前からタレントをしていると，大学・短大まで進学する人の割合は低い．

　これらの分析結果から，まず，子どもタレントになるチャンスは，居住地域という観点からいえば，均等に開かれているとは言い難いものである．また，親の職業（芸能関係）という点からみても，機会が平等に開かれていたか疑わしいのである．このうち後者については，芸能関係の職に就く親（家庭）の文化資本のもと，タレントとしての資質を伸ばしたという解釈，芸能関係で働く親を職業モデルとしてタレントを志望し，実際にタレントになり得たという解釈，あるいは「親のコネによってタレントになった」という捉え方も可能であろう．

　また，タレント全体でみれば，タレントに占める大卒・短大卒者はほぼ半数であり，タレントになるうえで，学歴（大学・短大で教育・経験を積むこと）の意味が少なからずあることがうかがえた．すでに「テレビ・タレントになる」という自己実現を果たしている子役出身タレントでさえ，その割合はやや低いものの，将来のキャリアを見据えたうえで，大学・短大へ進学する者が増加傾向にある．テレビ・タレントを志向する子どもたちは，勉学・学業を要しない職業，「実力」があればなれる職業ととらえがちだが，タレント経験者（子役出身タレント）の進学動向からすると，必ずしもそうとは言い切れないのである．

　以上，本章では，若者のキャリア意識を問題関心としつつ，テレビ・タレントや子どもタレントを取り上げて，分析を試みた．われわれには，固定化したイメージにとらわれることなく，タレント等の職業について，また子ども（の意識）について，冷静に省察することが求められているといえよう．

注
1） ちなみに，鴻上尚史氏は，大学（法学部）に進学し，大学在学中に劇団を旗揚げ，現在は劇作家・演出家として活躍中である．彼の挙げる諸能力は，多くの俳優に接する実際の経験に基づいたものといえるだろう．
2） 高等教育進学に関する分析も視野に入れているため，この辞典掲載（2004年）時に18歳以下である（1986年以降に生まれた）子役出身タレント（78名）は，高等教育進学動向が不明なため，分析対象から除外する．1985年以前生まれ（18歳以上）の子役出身タレントが分析対象だということは，デビュー後，ある一定程度継続的に活躍しているタレントということになる．そういう意味では，タレントとして生き残るだけの力をもつ，あるいはデビュー後能力を伸ばすことのできた人たちともいえよう．

　なお，本章で分析対象とする「タレント」と「俳優（女優）」はいずれも，国勢調査の職業分類（小分類）において，「俳優，舞踊家，演芸家（個人に教授するものを除く）」に含まれるものである．
3） 欠損値がいくぶん含まれるため，各分析結果の総数が異なる点は予め断っておく．
4） 地方出身者には海外出身者も含めており，戦前の「満州」なども含んでいる．
5） 文部科学省『文部科学統計要覧』における「大学（学部）・短期大学（本科）への進学率（過年度高卒者等を含む）」にもとづく．この進学率は，大学学部・短期大学本科入学者数（過年度高卒者等を含む）を3年前の中学校卒業者数及び中等教育学校前期課程修了者数で除した比率のことを指す．なお，「過年度高卒者等」とは，高等学校または中等教育学校卒業後1年以上経過した者等のことである．

付　記
　本章は，2007年度に交付を受けた松山大学特別研究助成による研究成果の一部である．

参 考 文 献

〈第1章〉

Goodson, I. F. [1988] *The Making of Curriculum : Collected Essays* (Studies in curriculum history 9), Falmer Press."

Goodson, I. F. and P. Sikes [2001] *Life History Research in Educational Settings : Learning from Lives (Doing qualitative research in educational settings)*, Open University Press (髙井良健一ら訳『ライフヒストリーの教育学』昭和堂、2006年).

朝倉淳編 [2002]『21世紀の初等教育学シリーズ 生活科教育学』協同出版.

板倉聖宣 [1988]『楽しい授業の思想』仮説社.

大橋隆広 [2007a]「1990年代における生活科の変容」中国四国教育学会編『教育学研究紀要（CD-ROM版）』第53巻、276-81頁.

────── [2007b]「教師のライフヒストリーから見るカリキュラムの変容」『広島大学大学院教育学研究科紀要第三部教育人間科学関連領域』(56)、109-15頁.

加藤幸次・髙浦勝義編 [2001]『学力低下論批判』黎明書房.

苅谷剛彦 [2002]『教育改革の幻想』筑摩書房.

岸野麻衣・無藤隆 [2006]「教師としての専門性の向上における転機──生活科の導入に関わった教師による体験の意味づけ──」『発達心理学研究』17(3)、207-18頁.

小谷敏 [2008]『子どもは変わったか』世界思想社.

坂元忠芳 [1993]『「新しい学力観」の読みかた』労働旬報社.

桜井厚 [2001]『インタビューの社会学──ライフヒストリーの聞き方──』せりか書房.

中央教育研究所 [1992]『生活科の学習環境等に関する調査研究 第2次報告』(研究報告 No.43)、中央教育研究所.

遠山啓 [1981]『遠山啓著作集 数学教育論シリーズ10 たのしい数学・楽しい授業』太郎・次郎社.

中西新太郎 [1996]「教育運動」、渡辺治編『現代社会論』労働旬報社.

中野重人 [1991]『生活科教育の理論と方法』東洋館出版社.

────編 [1989]『改訂小学校教育課程講座──生活』ぎょうせい.

野田敦敬 [2004]「生活科学習の改善に向けての調査研究：愛知県内における生活科学習への教師の意識調査を基にして」『愛知教育大学研究報告 教育科学』第53集、1-8頁.

広田照幸 [2001]『教育言説の歴史社会学』名古屋大学出版会.

藤原顕・遠藤瑛子・松崎正治 [2006]『国語科教師の実践的知識へのライフヒストリー・アプローチ』溪水社.

ベネッセ［2005］『第1回子ども生活実態基本調査』（http://benesse.jp/berd/center/open/report/kodomoseikatu_data/2005/index.shtml［最終アクセス2010年1月15日］）．
松下良平［2006］「楽しい授業・学校論の系譜学――子ども中心主義教育理念のアイロニー――」，山内乾司・原清治編『リーディングス日本の教育と社会①　学力問題・ゆとり教育』日本図書センター，313-30頁．
文部科学省［2008］『小学校学習指導要領』東京書籍．
文部省［1989］『小学校学習指導要領』大蔵省印刷局．
―――［1998］『小学校学習指導要領』大蔵省印刷局．

〈第2章〉
天野郁夫・藤田英典・苅谷剛彦［1994］『改訂版　教育社会学』放送大学教育振興会．
岡部恒治・戸瀬信之・西村和雄［1999］『分数ができない大学生』東洋経済新報社．
苅谷剛彦［2001］『階層化日本と教育危機――不平等再生産から意欲格差社会へ』有信堂．
苅谷剛彦・志水宏吉編［2004］『学力の社会学――調査が示す学力の変化と学習の課題――』岩波書店．
川口俊明［2009］「マルチレベルモデルを用いた『学校の効果』の分析――『効果的な学校』に社会的不平等の救済はできるのか――」『教育社会学研究』第84集，165-84頁．
川口俊明・前馬優策［2007］「学力格差を縮小する学校――『効果のある学校』の経年分析に向けて――」『教育社会学研究』第80集，187-205頁．
志水宏吉［2005］『学力を育てる』岩波書店（岩波新書）．
竹内常一ほか［2008］『2008年度版　学習指導要領を読む視点』白澤社．
中野重人［1999］「学習指導要領はこう変わった――改訂のポイント――」日本教育評価研究会『指導と評価』45(2)，4-8頁．
本田由紀［2002］「90年代におけるカリキュラムと学力」『教育社会学研究』第70集，105-23頁．
山内乾史・原清治［2005］『学力論争とはなんだったのか』ミネルヴァ書房．

〈第3章〉
Nathan, J. [1996] *Charter Schools : Creating Hope and Opportunity for American Education*, Jossey-Bass（大沼安史訳『チャータースクール――あなたも公立学校が創れる：アメリカの教育改革――』一光社，1997年）．
小川正人編［2009］『検証教育改革』教育出版．
尾木直樹［1995］『いじめ』学陽書房．
黒崎勲［1994］『学校選択と学校参加』東京大学出版会．
佐伯啓思［2009］『大転換』NTT出版．
里見実［2001］『学ぶことを学ぶ』太郎次郎社．
遠山啓［1976］『競争原理を超えて』太郎次郎社．

広田照幸［1998］「学校像の変容と〈教育問題〉」，佐伯胖他編『学校像の模索』岩波書店，147-69頁．
藤田英典［2003］「擬似市場的な教育制度構想の特徴と問題点」『教育社会学研究』第72号，73-93頁．
嶺井正也・中川登志男［2007］『学校選択と教育バウチャー』八月書館．
文部科学省［2006］「学校選択制等について」(http://www.mext.go.jp/a_menu/shotou/gakko-sentaku/index.htm［最終アクセス2009年7月30日］)．
文部省大臣官房編［1985］『文部時報臨教審第一次答申』1299号，文部省．
————編［1987］『文部時報臨教審第三次答申』1322号，文部省．
湯藤定宗［2001］「チャータースクールにおける児童生徒の学習成果に関する一考察」『教育学部紀要』第三部（広島大学教育学部），第49号，31-37頁．

〈第 4 章〉
石部元雄・上田征三・高橋実・柳本雄次編［2007］『よくわかる障害児教育（やわらかアカデミズム・〈わかるシリーズ〉）』ミネルヴァ書房．
小田豊・奥野正義［2003］『保育内容 人間関係（保育ライブラリ 保育の内容・方法を知る）』北大路書房．
恩田仁志［2005］「小学校・関係諸機関との連携」，無藤隆・神長美津子・柘植雅義・川村久編『幼児期における LD・ADHD・高機能自閉症等の指導――「気になる子」の保育と就学支援――』東洋館出版，210-13頁．
川上輝昭［2005］「特別支援教育と障害児保育の連携」『名古屋女子大学紀要（人・社）』51，139-50頁．
厚生労働省［2008］『保育所保育指針』（平成20年3月，厚生労働省告示第141号）．
独立行政法人 国立特殊教育総合研究所［2006］『特別支援教育コーディネーター実践ガイド』(http://www.nise.go.jp/kenshuka/josa/kankobutsu/pub_c/c-59/c-59_all.pdf［最終アクセス2010年1月16日］)．
清水貞夫・藤本文朗編［2006］『キーワードブック障害児教育――特別支援教育時代の基礎知識――』クリエイツかもがわ．
杉山登志郎・辻井正次編［1999］『高機能広汎性発達障害』ブレーン出版．
武田哲郎［2005］「病弱教育の現状と課題」(http://www.nise.go.jp/portal/elearn/shiryou/byou-jyaku/byouzyaku_ganzyou.pdf［最終アクセス2010年1月16日］)．
田中康雄［2006］『軽度発達障害のある子のライフサイクルに合わせた理解と対応――「仮に」理解して「実際に」支援するために――』学研研究社．
田中康雄監修［2004］『わかってほしい！ 気になる子 自閉症・ADHDなどと向き合う保育』学研研究社．
筑波大学附属特別支援学校構想検討委員会［2006］『支援を必要とする子どもたちのために』全国肢体不自由養護学校校長会．
七木田敦編［2007］『実践事例に基づく障害児保育――ちょっと気になる子へのかかわり――』保育者

出版.
藤井茂樹［2005］「支援のニーズに応じた保健・福祉・教育・就労・医療の連携——教育現場・自治体・専門家による実践と提言——」『発達』26, ミネルヴァ書房, 73-78頁.
松井剛太［2007］「障害のある幼児の就学支援システムの構築」『保育学研究』45, 191-98頁.
無藤隆・秋民言［2008］『ここが変わった NEW 幼稚園教育要領・保育所保育指針ガイドブック』フレーベル館.
文部科学省［2003］「通常の学級に在籍する特別な教育的支援を必要とする児童生徒に関する全国実態調査」調査結果」『今後の特別支援教育の在り方について』（最終報告）（03/03/28 答申）(http://www.mext.go.jp/b_menu/shingi/chousa/shotou/018/toushin/030301i.htm［最終アクセス2010年1月16日］).
————［2003］「特別支援教育の在り方に関する調査研究協力者会議」（003/03/28 答申）(http://www.mext.go.jp/b_menu/shingi/chousa/shotou/018/toushin/030301.htm［最終アクセス2010年1月16日］).
————［2004］『小・中学校におけるLD（学習障害），ADHD（注意欠陥/多動性障害），高機能自閉症の児童生徒への教育支援体制の整備のためのガイドライン（試案）』(http://www.mext.go.jp/b_menu/houdou/16/01/04013002/003.htm［最終アクセス2010年1月16日］).
————［2008］『幼稚園教育要領』（文部科学省告示第26号）(http://www.mext.go.jp/a_menu/shotou/new-cs/youryou/you/you.pdfm［最終アクセス2010年1月16日］).
文部省［1992］『学制百二十年史』ぎょうせい (http://www.mext.go.jp/b_menu/hakusho/html/hpbz199201/index.html［最終アクセス2010年1月16日］).
ラポム編集部編［2003］『心の保育を考えるCase67』学研研究社.

〈第5章〉
AERA［2008］「77歳とアキバの共通点——『暴走』は若者だけじゃない——」『AERA』7月7日号, 81頁.
————［2009］「ロスジェネの怨みが爆発——氷河期と孤独で増幅する憎しみ——」『AERA』6月8日号, 21頁.
一円禎紀［2002］「病理的なキレ」，宮下一博・大野久編『キレる青少年の心』北大路書房, 30-35頁.
井上雅彦［2007］「いわゆる『キレやすい子ども』への教育的対応」『教育と医学』55(9), 72-77頁.
岩崎久美子［2007］「キレる子どもの背景」『教育と医学』55(9), 54-61頁.
岡本祐子［2002］「『キレる』ことの意味」，宮下一博・大野久編『キレる青少年の心』北大路書房, 63-70頁.
柏崎良子［2008］「キレる子どもへの栄養医学的処方　低血糖症と情動コントロール不能」『教育と医学』55(9), 78-85頁.
香山リカ［2008］『キレる大人はなぜ増えた』朝日新聞社（朝日新書）.

高山恵子・内山登紀夫［2006］『ふしぎだね!? ADHD（注意欠陥多動性障害）のおともだち（発達と障害を考える本）』ミネルヴァ書房．
滝充［2003］「キレる」，今野喜晴・新井郁男・児島邦広編『新版学校教育辞典』教育出版，251-52頁．
田中和代［2006］「キレる子・パニックを起こす子への対応 1 キレる子とはどんな子か 学級崩壊①」『月刊学校教育相談』4月号，56-59頁．
NPO法人日本こどものための委員会［2005］「セカンドステップとは？」，NPO法人日本こどものための委員会（http://www.cfc-j.org/secondstep/whats.html［最終アクセス2010年1月15日］）．
毎日新聞［2007］「余禄：酔って暴れない．大切なものがあるから」『毎日新聞』12月17日東京朝刊．
──── ［2009］「先生：生徒指導は今／1 好き放題に育った子どもたち」『毎日新聞』1月27日東京朝刊．
水島広子［2007］「『キレる』子どもとコミュニケーション」『教育と医学』55(9)，62-69頁．
宮下一博［2002］「『キレ』の定義」，宮下一博・大野久編『キレる青少年の心』北大路書房，2-3頁．
山下洋［2009］「"キレる"母親の背景と処方箋（特集"キレる"大人）」『教育と医学』57(8)，763-72頁．
山田真理子［2005］「メディア総接触時間との関連」，文部科学省編「子どものメディア接触と心身の発達に関わる調査・研究」2005年度事業報告書（http://www.mext.go.jp/a_menu/sports/ikusei/06112702.htm［最終アクセス2010年1月15日］）．
読売新聞［2008］「［町←→社会部］正体不明のイライラ感」『読売新聞』1月19日大阪夕刊．
──── ［2009］「娘注意した教師 両親が暴行容疑」『読売新聞』9月10日東京朝刊．
──── ［2007a］「子どもの睡眠──『キレる』世界から守ろう 医療ルネサンス・福岡セミナー特集」『読売新聞』5月8日西部朝刊．
──── ［2007b］「〈教育ルネサンス〉『キレる子』防止プログラム 互いを理解，怒り抑える」『読売新聞』12月9日東京朝刊．

《第6章》

White, M. and D. Epston [1990] *Narrative Means to Therapeutic Ends*, W. W. Norton（小森康永訳『物語としての家族』金剛出版，1992年）．
一柳廣孝［2006］「『怪談』から読み解く現代社会」『第三文明』8．
──── 編［2005］『『学校の怪談』はささやく』青弓社．
片岡徳雄［1975］『集団主義教育の批判』黎明書房．
小国喜弘［2006］「時代の中の教師」，秋田喜代美・佐藤学編『新しい時代の教職入門』有斐閣，149-93頁．
小谷敏［2008］『子どもは変わったか』世界思想社．
小松和彦［1995］『異人論──民俗社会の心性──』筑摩書房．
住田正樹［1995］『子どもの仲間集団』九州大学出版会．

―――――［1999］「子どもは仲間集団によって育つ」，日本子ども社会学会編『いま，子ども社会に何がおこっているか』北大路書房，37-54頁．
髙橋克己［1997］「『学級は"生活共同体"である』――クラス集団観の成立とゆらぎ――」，今津孝次郎・樋田大二郎編『教育言説をどうよむか――教育を語ることばのしくみとはたらき』新曜社，105-30頁．
常光徹［1993］『学校の怪談――口承文芸の展開と諸相――』ミネルヴァ書房．
土井隆義［2004］『「個性」を煽られる子どもたち――親密圏の変容を考える』岩波書店（岩波ブックレット No. 633）．
土井隆義［2008］『友だち地獄――「空気を読む」世代のサバイバル――』筑摩書房．
フィスク［1996］『テレビジョンカルチャー――ポピュラー文化の政治学――』梓出版社．
間山広朗［2008］「言説分析のひとつの方向性――いじめ言説の『規則性』に着目して――」，北澤毅・古賀正義編『質的調査法を学ぶ人のために』世界思想社，179-98頁．
森田洋司・清永賢二［1994］『いじめ――教室の病い――』金子書房．
山田鋭子［2005］「『社交』と『ふるまい』――学校という舞台――」，一柳廣孝編『「学校の怪談」はささやく』青弓社．
山田浩之［2004］『マンガが語る教師像』昭和堂．
吉岡一志［2008］「『学校の怪談』はいかに読まれているか――小学生へのアンケートをもとに」『子ども社会研究』第14号，子ども社会学会，129-41頁．

〈第7章〉
石野純也［2008］『ケータイチルドレン　子どもたちはなぜ携帯電話に没頭するのか？』ソフトバンク．
岡山県教育庁指導課［2008］「岡山県公立学校における携帯電話等利用の実態調査結果について」『教育アンケート調査年鑑　下』創育社，53-64頁．
荻上チキ［2008］『ネットいじめ――ウェブ社会と終わりなき「キャラ戦争」』PHP研究所．
小此木啓吾［2005］『「ケータイ・ネット人間」の精神分析』朝日新聞社．
北田暁夫・大多和直樹編［2007］『リーディングス　日本の教育と社会　第10巻　子どもとニューメディア』日本図書センター．
警察庁［2007］「出会い系サイト等に係る児童の犯罪防止研究会」(http://www.npa.go.jp/cyber/deaimeeting/h19/doc1/1-1.pdf［最終アクセス2010年2月26日］)．
渋井哲也［2008］『学校裏サイト　進化するネットいじめ』晋遊舎．
下田博次［2008］『学校裏サイト』東洋経済新報社．
総務省［2009］「インターネット上の違法・有害情報への対応に関する検討会最終取りまとめ」(http://www.soumu.go.jp/menu_news/s-news/2009/pdf/090116_1_bs1_1.pdf［最終アクセス2010年2月26日］)．
総務庁［2008］「平成19年通信利用動向調査　世帯編」(http://www.johotsusintokei.soumu.go.jp/

statistics/pdf/HR20070_001.pdf［最終アクセス2008年9月15日］）.
総務庁青少年対策本部［1997］『情報化社会と青少年（第三回情報化社会と青少年調査報告書）』.
辻大介・三上俊治［2001］「大学生における携帯メール利用と友人関係――大学生アンケート調査の結果から――」（平成13年度（第18回）情報通信学会大会個人研究発表配布資料）.
内閣府［1997］「第3回情報化社会と青少年に関する調査（結果の要約）」（http://www8.cao.go.jp/youth/kenkyu/jouhou3/jyouhou.htm［最終アクセス2009年5月15日］）.
―――［2007］「第五回情報化社会と青少年に関する意識調査について」（http://www8.cao.go.jp/youth/kenkyu/jouhou5/g.pdf［最終アクセス2008年9月15日］）.
中山洋一［2008］「セキュリティ対策の注目機能と課題」『児童心理　ケータイ，ネットの闇――子どもの成長への影響を考える――』No. 885, 72-78頁.
深谷和子・高旗正人［2008］「生徒のケータイとネット利用，『学校裏サイト』に関する調査報告書」『児童心理　ケータイ，ネットの闇――子どもの成長への影響を考える――』No. 885, 148-57頁.
藤川大祐［2008］『ケータイ世界の子どもたち』講談社.
牟田武夫［2004］『ネット依存の恐怖』教育出版.
モバイル・コミュニケーション研究会（代表：吉井博明）［2002］『携帯電話利用の深化とその影響』（科研費：携帯電話利用の進化とその社会的影響に関する国際比較研究初年度報告書）.
モバイル社会研究所［2007］『モバイル社会白書』NTT出版.
森井昌克［2008］「ネットコンテンツ監視とその現状」『児童心理　ケータイ，ネットの闇――子どもの成長への影響を考える――』No. 885, 46-53頁.
文部科学省［2007］「平成18年度　児童生徒の問題行動等生徒指導上の諸問題に関する調査」（http://211.120.54.153/b_menu/houdou/19/11/07110710/001/002.pdf［最終アクセス2008年9月15日］）.
―――［2008］「ネット安全安心全国推進会議（第三回）」（http://www.mext.go.jp/b_menu/shingi/chousa/sports/007/siryo/08082714/001.htm［最終アクセス2008年9月15日］）.
―――［2008］「『ネット上のいじめ』に関する対応マニュアル・事例集（学校・教員向け）」（http://www.mext.go.jp/b_menu/houdou/20/11/08111701/001.pdf［最終アクセス2010年2月26日］）.
―――［2009］「子どもの携帯電話等の利用に関する調査　調査結果の概要」（http://www.mext.go.jp/b_menu/houdou/21/05/1266484.htm［最終アクセス2009年9月15日］）.

〈第8章〉

Lave, J. and E. Wenger［1991］*Situated Learning : Legitimate Peripheral Participation*, Cambridge University Press（佐伯胖訳・福島真人解説『状況に埋め込まれた学習』産業図書，1993年）.
遊びの価値と安全を考える会編［1998］『もっと自由な遊び場を』大月書店.
キッザニアホームページ（http://www.kidzania.jp/index_nf.php）.
厚生労働省［2007］『平成17年　国民健康栄養調査』（http://www.mhlw.go.jp/bunya/kenkou/

eiyou07/dl/01-04.pdf［最終アクセス2010年1月16日］）．
古賀正義［2008］「いま，小学生にとって「なりたい職業」とは」『児童心理』62(3)，30-38頁．
佐伯胖［1995］『「学ぶ」ということの意味 子どもと教育』岩波書店．
佐藤学［1995］『学び その死と再生』太郎次郎社．
椎名健［2003］「大衆化した『早期教育』——井深大『幼稚園では遅すぎる』——」，小谷敏編『子ども論を読む』世界思想社，32-54頁．
汐見稔幸［1996］『幼児教育産業と子育て子どもと教育』岩波書店．
『児童心理』編集部［2008］「キッザニアで学ぶ子どもたち——大人になりきって，お仕事体験！——」『児童心理』62(3)，98-103頁．
中央教育審議会答申［1999］「初等中等教育と高等教育との接続の改善について」(http://www.mext.go.jp/b_menu/shingi/12/chuuou/toushin/991201.htm［最終アクセス2010年1月16日］）．
———［2005］「子どもを取り巻く環境の変化を踏まえた今後の幼児教育の在り方について——子どもの最善の利益のために幼児教育を考える——」(http://www.mext.go.jp/b_menu/shingi/chukyo/chukyo0/toushin/05013102.htm［最終アクセス2010年1月16日］）．
三村隆男［2008］「小学校のキャリア教育をどう考えるか——教育活動を見直す視点——」『児童心理』62(3)，2-11頁．
師岡章［2003］「「遊ぶ」こども」，浅岡靖央・加藤理編『文化と子ども——子どもへのアプローチ——』建帛社，77-95頁．
文部科学省［2004］『キャリア教育の推進に関する総合的調査研究協力者会議報告書——児童生徒一人一人の勤労観，職業観を育てるために——』(http://www.mext.go.jp/b_menu/shingi/chousa/shotou/023/toushin/04012801/002.htm［最終アクセス2010年1月16日］）．

〈第9章〉
東清和・安達智子編［2003］『大学生の職業意識の発達』学文社．
上西充子［2007］「序論」，上西充子編『大学のキャリア支援』経営書院，1-23頁．
梅澤正［2007］『大学におけるキャリア教育のこれから』学文社．
大阪大学・大学院人間科学研究科 教育技術開発学研究室編［2004］『大学生にとって，いま「大学」とは？』．
影山僖一［2004］「組織と人間関係を研究テーマとする社会科学系大学——千葉商科大学におけるキャリア教育の目標——」『千葉商大紀要』42(1)．
苅谷剛彦・志水宏吉編［2003］『学校臨床社会学——「教育問題」をどう考えるか——』放送大学教育振興会．
川喜多喬［2007］「学生へのキャリア支援——期待と危惧と——」，上西充子編『大学のキャリア支援』経営書院，193-229頁．
葛城浩一［2008］「誰が「キャリア教育」を受けるのか」『大学論集』（広島大学高等教育研究開発セン

ター），39.
厚生労働省［2005］『インターンシップ推進のための調査研究委員会報告書』（http://www.mhlw.go.jp/houdou/2005/03/dl/h0318-1a.pdf［最終アクセス 2010年1月16日］）．
国立教育政策所編［2007］『キャリア教育への招待』東洋館出版社．
小杉礼子編［2007］『大学生の就職とキャリア』勁草書房．
小山悦司［2006］「大学におけるキャリア教育の導入に関する一考察——先導的取組事例の分析と今後の方向性——」『教育学研究紀要』52(1)．
―――――［2008］「大学におけるキャリア教育に関する一考察——1999年「接続」答申以降の展開——」『倉敷芸術科学大学紀要』13号．
武内清編［2003］『キャンパスライフの今』玉川大学出版部．
―――編［2005］『大学とキャンパスライフ』上智大学出版．
独立行政法人 日本学生支援機構［2006］「大学等における学生生活支援の実態調査結果報告」（http://www.g-shiendb.jasso.go.jp/gsdb/main/tmp/contents/ab00141.html［最終アクセス2010年1月15日］）．
藤田晃之［2006］「大学におけるキャリア開発支援の基礎論構築に向けて」『IDE』483号．
溝上慎一［2004］『現代大学生論』日本放送出版協会．
文部科学省［2007］「大学等における平成17年度インターンシップ実施状況調査について」（http://www.mext.go.jp/b_menu/houdou/18/12/06121105/001.pdf［最終アクセス 2010年1月16日］）．
―――――［2009］『平成20年度学校基本調査報告書』（http://www.mext.go.jp/b_menu/toukei/001/08121201/index.htm（［最終アクセス2010年1月15日］）．
吉田辰雄・篠翰［2007］『進路指導・キャリア教育の理論と実践』日本文化科学社．
労働政策研究・研修機構［2006］『大学生の就職・募集採用活動等実態調査結果 II』（http://www.jil.go.jp/institute/research/documents/research017.pdf［最終アクセス2010年1月15日］）．

〈第10章〉
相徳昌利［1999］『歌手・タレントという仕事』中央経済社．
荒川葉［2009］『「夢追い」型進路形成の功罪——高校改革の社会学——』東信堂．
岡本博・福田定良［1966］『現代タレントロジー』法政大学出版局．
片瀬一男［2005］『夢の行方——高校生の教育・職業アスピレーションの変容——』東北大学出版会．
香山リカ［2004］『就職がこわい』講談社．
鴻上尚史［2006］『俳優になりたいあなたへ』筑摩書房．
佐藤俊樹［2000］『不平等社会日本』中央公論新社（中公新書）．
日本労働研究機構（小杉礼子・上西充子・本田由紀・中島史明・下村英雄・堀有喜衣・吉田修）［2000］『フリーターの意識と実態——97人へのヒアリング結果より——』調査研究報告書136号（http://db.jil.go.jp/cgi-bin/jsk012?smode=dtldsp&detail=E2000080003&displayflg=1［最終ア

クセス2010年1月15日])．
ベネッセ教育研究開発センター［2004］『第1回子ども生活実態基本調査報告書』(http://benesse.jp/berd/center/open/report/kodomoseikatu_data/2005/index.shtml［最終アクセス2010年1月15日])．
本田由紀［2005］『若者と仕事——「学校経由の就職」を超えて——』東京大学出版会．
文部科学省［各年版］『文部科学統計要覧』国立印刷局 (http://www.mext.go.jp/b_menu/toukei/002/002b/koumoku.html［最終アクセス2010年1月15日])．
山本健翔［2001］『なるにはBOOKS15　俳優になるには』ぺりかん社．

《執筆者紹介》（執筆順，＊は編著者）

＊秋山　弥［序］
　奥付参照

＊作田良三［序，第8章第3，4節，第10章］
　奥付参照

大橋隆広［第1章，第7章第3節］
　広島女学院大学人間生活学部准教授

長谷川祐介［第2章］
　大分大学教育学部准教授

湯藤定宗［第3章］
　玉川大学教育学部准教授

神垣彬子［第4章］
　元川崎医療短期大学医療保育科助教

崎濱秀行［第5章］
　阪南大学経済学部教授

吉岡一志［第6章，第7章第2節］
　山口県立大学国際文化学部准教授

西本佳代［第7章第1節，第9章］
　香川大学大学教育基盤センター講師

福井敏雄［第8章第1，2節］
　くらしき作陽大学子ども教育学部教授

《編著者紹介》

秋山　弥（あきやま　わたる）
　　1955年　岡山県に生まれる
　　1981年　広島大学大学院教育学研究科幼児心理学講座修了
　　現　在　阪南大学流通学部教授
主著
『思いやりとホスピタリティの心理学』（共著），北大路書房，2000年．
『教育のゆくえ──21世紀のファースト・ステージ──』（共編），北大路書房，2003年．
『教師の仕事とは何か〈新版〉』（共編），北大路書房，2009年．

作田良三（さくだ　りょうぞう）
　　1971年　愛媛県に生まれる
　　1999年　広島大学大学院教育学研究科博士課程後期単位取得退学
　　現　在　松山大学経営学部教授
主著
『学力問題へのアプローチ──マイノリティと階層の視点から──』（共著），多賀出版，2003年．
『教育のゆくえ──21世紀のファースト・ステージ──』（共編），北大路書房，2003年．
『教師の仕事とは何か〈新版〉』（共編），北大路書房，2009年．

子どもの現在（いま）
──10の視点からのアプローチ──

| 2010年5月10日　初版第1刷発行 | ＊定価はカバーに |
| 2018年12月5日　初版第4刷発行 | 表示してあります |

編著者の了解により検印省略	編著者	秋山　　弥 ©
		作田　良三
	発行者	植田　　実
	印刷者	田中　雅博

発行所　株式会社　晃洋書房

〒615-0026　京都市右京区西院北矢掛町7番地
電話　075(312)0788番(代)
振替口座　01040-6-32280

ISBN978-4-7710-2148-8

印刷　創栄図書印刷(株)
製本　(株)藤沢製本

JCOPY 〈(社)出版者著作権管理機構　委託出版物〉
本書の無断複写は著作権法上での例外を除き禁じられています．
複写される場合は，そのつど事前に，(社)出版者著作権管理機構
（電話　03-5244-5088, FAX 03-5244-5089, e-mail: info@jcopy.or.jp）
の許諾を得てください．